乡村价值再发现

朱启臻 著

江西教育出版社
·南昌·

图书在版编目（CIP）数据

乡村价值再发现 / 朱启臻著. — 南昌：江西教育出版社，2022.9
ISBN 978-7-5705-3125-7

Ⅰ.①乡… Ⅱ.①朱… Ⅲ.①农村—社会主义建设—研究—中国 Ⅳ.①F320.3

中国版本图书馆CIP数据核字(2022)第117979号

乡村价值再发现
XIANGCUN JIAZHI ZAI FAXIAN

朱启臻　著

责任编辑：	龚　琦
责任校对：	田　玲　董雪晴
出　　版：	江西教育出版社
地　　址：	江西省南昌市抚河北路291号
邮　　编：	330008
发　　行：	各地新华书店经销
印　　刷：	安徽联众印刷有限公司
版　　次：	2022年9月第1版
印　　次：	2022年9月第1次印刷
开　　本：	710毫米×1000毫米　1/16
印　　张：	13
字　　数：	200千字
书　　号：	ISBN 978-7-5705-3125-7
定　　价：	49.00元

赣教版图书如有印装质量问题，请向我社调换　电话：0791-86710427
投稿邮箱：JXJYCBS@163.com　投稿电话：0791-86705643
网址：http://www.jxeph.com
赣版权登字-02-2022-261
版权所有　侵权必究

前言

乡村振兴为农民而兴,乡村建设为农民而建。要实现这样的目标,就一定要了解农民的需求。农民有哪些需求?当然,最重要的是生计需求。农民要进行生产活动,这就需要我们搞明白,什么样的乡村环境和村落结构才适合乡村产业发展,有助于实现产业兴旺;农民要生活,而且是乡村的低碳生活,这就要求我们清楚乡村的生活方式的特点、优势及其合理性;农民需要社会交往、文化活动,就需要我们弄明白乡村的文化体系、乡村具有哪些优秀的文化传统、丰富的乡村文化资源具有哪些重要价值等。

常言道,鞋子合适不合适只有脚知道。农民是乡村生活的主体,乡村需要建设成什么样子,只有农民最清楚。但是实践中总会出现一些不合理的现象。一些人习惯为农民做主,按照自己的想象建设乡村,看起来很光鲜,但是不合适、不实用、不舒服,甚至完全不符合农民的需要。因此,有的乡村建设不得不重新规划,导致大量的资源浪费。

要把好事办好,把实事办实,就必须尊重农民意愿,引导农民参与乡村建设,充分尊重农民在乡村建设中的主体地位。同时,也必须看到,乡村建设是全党工作的重中之重,不仅要五级书记抓乡村振兴,还要动员全社会的力量,形成乡村建设行动的合力,唯有如此,才能保证乡村振兴目标的实现。这就需要所有致力于乡村建设的工作者,了解乡村所具有的特殊性和优势，善于发现乡村不可替代的价值，按照乡村自身规律建设乡村。

乡村有什么优势？透过突如其来的新冠肺炎疫情，乡村优势可窥一斑。2020年春节期间，因防疫需要，全国按下暂停键，城市的每个住宅小区，乡村的每个村庄，都实行了封闭管理，进出人员要登记、测体温。一时间，"待在家里，就是给国家做贡献"成了家喻户晓的口号。这时，人们开始羡慕乡村生活。农民有院落，还有储藏空间，房前屋后种有蔬菜，院子里养着鸡鸭，存的粮食够吃一年的。关键是村子周边就是农田，可以自由下地耕种、收获。院落、田间，两点一线，闭环运行，符合防疫要求。因此，疫情防控封村对农民似乎并没有太大影响。那些"上楼"的农民和城镇居民一样待在家里，他们远离耕地，既没有了菜地，也享受不到乡村生活的便利。

乡村有乡村存在的理由，它具有城市无法替代的价值——这是本书要阐明的基本观点。农业的生产功能自然处于乡村价值首位，但又是最容易被人们忽视的。许多所谓的新村建设，由于缺乏对乡村生产价值的关注和理解，建新村的同时削弱了乡村的生产功能。这也正是习近平总书记强调"在促进城乡一体化发展中，要注意保留村庄原始风貌，慎砍树、不填湖、少拆房，尽可能在原有村庄形态上改善居民生活条件"的深意所在。

当然，乡村价值远不止农业生产，它还具有丰富的生活、生态、文化的内涵，是"五位一体"在乡村的微观体现。需要指出的是，乡村价值的各个方面，不是孤立的，而是密切联系的；乡村价值不是单一的，而是综合的。本书只是为了叙述方便，将乡村价值分成生产、生态、生活、文化、教化等功能。实际上，不同乡村价值之间并没有明确的界限，而是"你中有我，我中有你"，彼此融合。如乡村产业兴旺，不仅包含农业、手工业的发展，还需要将丰富多彩的乡村生活、习俗文化、特色民居和村落形态等特殊资源转化为经济优势。它们都可以也应该成为乡村产业的一部分，为乡村带来实在的利益。以乡村文化价值为例，农业生产上有农业文化，品牌的塑造、特色农业与融合农业的形成，文化都是其不可或缺的重要方面。在乡村生态方面，无论是村落选址、民居建造，还是老百姓的生产与生活，处处体现着尊重自然、敬畏自然、顺应自然和利用自然的生存智慧。文化更多地蕴含在乡村生活方式与习俗之中，体现在衣食住行的方方面面。再如，乡村的教化功能，既体现在建筑叙事、农业劳动过程中，也体现在农民生活、节日活动中。

经常有人提出这样的问题：党的十九大报告提出实施乡村振兴战略"产业兴旺、生态宜居、乡风文明、治理有效、生活富裕"总要求，哪一个最重要？乡村"产业、人才、文化、生态、组织"五大振兴，应该从哪个方面入手？其实，乡村振兴战略总要求没有主次之分，也没有轻重之别，它们同等重要。以往有些乡村建设项目之所以失败，原因之一就是把本来不可分割的乡村整体人为地割裂开来。在实践中，乡村五大振兴的任何一个方面都可以作为乡村建设行动的切入点——可以从产业入手，可以从人才抓起，可以从生态建设开始，可以将文化振兴作抓手，可以从乡村治理做起。无论从哪个方面着手，都要着眼于不可分割的乡村整体。只有在整体把握乡村价值的基础上，统筹考虑，全面推进，乡村振兴才能取得事半功倍的效果。

希望本书的观点和方法对关注乡村的研究者能有所启示，对乡村建设行动者能有所帮助。

目录

第一章 乡村是长出来的 ……………………………… *001*
  一、乡村是如何产生的 ……………………… *002*
  二、乡村的空间结构 ………………………… *007*
  三、乡村的社会结构 ………………………… *019*

第二章 乡村产业兴旺的基础 ……………………… *035*
  一、乡村有哪些产业 ………………………… *036*
  二、乡村产业与乡村形态、结构的关系 ……… *046*

第三章 生态文明的模板 …………………………… *059*
  一、天人合一的生存理念 …………………… *060*
  二、循环利用的文化传统 …………………… *068*
  三、敬畏自然的生态信仰 …………………… *077*

第四章　乡村生活是农民的特殊福祉 …………… *089*

　　一、自给自足 ………………………… *091*

　　二、人际交往 ………………………… *099*

　　三、乡村娱乐 ………………………… *106*

第五章　乡风文明的抓手 …………………………… *115*

　　一、传统文化的宝库 ………………… *116*

　　二、乡村文化的载体 ………………… *142*

　　三、乡村文化建设案例 ……………… *159*

第六章　天然的教化空间 …………………………… *171*

　　一、农业劳动教化 …………………… *172*

　　二、乡村习俗教化 …………………… *181*

　　三、乡村群体压力 …………………… *187*

第一章

乡村是长出来的

　　乡村经历了从简单到复杂的漫长历史过程,俨然是一个集政治、经济、文化、生态为一体的精致的微观社会,满足着人们生产、生活、社会交往、文化娱乐和实施教化多方面的需要。只有研究乡村的发展规律,尊重乡村的成长特点,才能把乡村建设成老百姓的幸福美丽家园。

一、乡村是如何产生的

我们说的乡村也是村落。关于村落的定义，人们逐渐形成了较为一致的看法：村落是以地缘和血缘为纽带，以农业生产为基础，由从事农业劳动的人口为主组成的相对独立的社会生活共同体。村落是人们为了更好地适应生产和生活需要而创造出来的，有其特定的空间结构，进而形成特殊的社会和文化结构。乡村就是这样一个由特定的空间、社会、文化构成的有机体。

（一）为生产而产生乡村

在游牧时代是没有村落的。原始人靠采集、狩猎为生，迁徙无定，当原来的住地没有食物可采、没有野兽可猎、没有鱼可捕时，他们就迁徙到另一个食物丰富的地方。原始人的这种不断迁徙的生活方式，自然不需要村落。靠放牧为生的游牧民族"逐水草而居"，也难以形成村落。有了农业以后才有了村落。原始人在长期的采集、狩猎过程中掌握了一些动植物生长的规律，将其驯化，进而从事相对稳定的植物种植与动物饲养。由于土地的固定性、农业生产的周期性等特点，稳定的聚落就产生了，并逐渐演变成村落。人们居住环境的稳定以及生产力的发展又促进了村落发展。为防备住所被野兽、强盗侵袭，人们互相结合成较大的群落，有的村落还筑起了墙垣。

关于村落的起源，有学者认为，村落的形成有三种途径：一是自然生长，由一个农业家庭因人口增加自然演化扩展为一个单姓的大家庭村落；二是社会组合，若干农业家庭因迁徙等原因汇集于一个特定地域，一起从事生产和生活，并相互交往形成村落；三是乡村建设，因乡村建设的需要，有意识、有组织地把人口汇集于一个空旷地域，用人为的力量建设起一个新的村落。[①] 有学者把中国的农民聚村而居的原因概括为四点：一是每家所耕的面积小，所谓小农经营，所以聚在一起居住，住宅和农场不会距离得过分远；二是对于水力的利用，人们住在一起，合作起来比较方便；三是为了安全，人多了，聚在一起，容易保卫村落；四是在土地平等继承的原则下，兄弟分别继承祖上的遗业，使人口在一地方一代一代地积起来。费孝通论述了乡土社会是一个生活安定的社会："历世不移的结果，人不但在熟人中长大，而且还在熟悉的地方上长大。熟悉的地方可以包括极长时间的人和土的混合。祖先在这地方混熟了，他们的经验也必然就是子孙们所会得到的经验。时间的悠久是从谱系上说的，从每个人可能得到的经验说，却是同一方式的反复重演。"[②]

（二）多种多样的村落类型

在地理学上，我国村落的形态分为集村和散村两大类。其中，集村分为团状、带状、环状等类型。团状村落多位于平原或盆地，有的呈多边形，有的呈长方形或块状，是村民为了安全需要，或产品交易需要，

---

① 谷中原：《农村社会学新论》，武汉大学出版社，2009，第113页。
② 费孝通：《乡土中国·生育制度》，北京大学出版社，1998，第21页。

或文化活动与人际交流需要，从节省基础设施建设成本或减少耕地的占用等方面考虑，聚在一起而形成的较大规模的村落。带状村落一般沿河流、湖泊、公路或山谷等特殊地形而形成。环状村落大多是因地理位置或安全需要而建造的。按照地理形态，村落还可以分为山村、渔村与平原村。按照经济活动，村落可以分为以种植农作物为主的村落、以经营蚕桑为主的村落、以畜牧为主的村落、以林业为主的村落等。按人口分布情况，村落可以分为疏居制的村落、密居制的村落、单姓村落、复姓村落。按照历史的长短，村落可以划分为旧村（历史比较悠久）与新村等[①]。

当人的生产、生活方式和需求发生变化时，村落的形态也会随之发生改变。传统的沿河居住的"沿河村"，是村民为了满足用水便利以及方便水路交通需求而形成的；如今大量"空壳村"以及"沿路村"的出现，一个重要原因就是人们对交通的迫切需要。在村落的内部，由于街道狭窄，机动车难以入内，随着私家车的普及，村落、院落能否进出机动车就成为衡量村落生活便利程度的重要标准。因此，村落的形态是人们生产生活需要的反映。不同的自然条件与社会环境决定了不同的村落形态，而不同的村落形态塑造着居民不同的生活方式。村落的形态的产生与发展是历史发展与社会演化的结果，反映了人们的生存智慧。

对于村落的类型，我们还可以从村落与生产的关系、村落与生活的关系这两个维度来分析。村落在长期发展过程中始终遵循两个基本原则：

---

① 刘豪兴:《农村社会学》，中国人民大学出版社，2004，第 47–49 页。

一是适应乡村生产，二是方便农家生活。发展生产是乡村建设乃至乡村振兴首先应考虑的因素。按照生产和生活两个维度，可以把乡村分为四类：

第一种乡村类型可以称为温饱型，或者称为生存型。这类乡村生产能力低，生活条件差，遇到天灾人祸时甚至温饱都难以保障。一般表现为人均耕地很少，生态环境脆弱，气候条件恶劣，生活设施落后，居住环境很差。在生产水平极低的传统乡村时代，这样的村落占很大比重。随着生产力的发展，乡村振兴战略的实施，这样的村落类型越来越少。

第二种乡村类型可以称为生产型。这类乡村是把生计放在第一位的，有较好的生产条件，有稳定和可靠的生活来源，即所谓旱涝保收，不愁吃、不愁穿，但生活环境比较原始。这里面有客观条件的制约，也有主观因素的影响。如一些乡村虽然有一定数量的耕地、林地、草场、水域等资源，能满足人们的温饱，甚至可以获得较好的收入，但山高路远，交通不便，住房简陋，卫生条件差，社会事业极不发达。经调研发现，一些平原村落人均耕地较多，人均收入也较高，村民不缺钱。但村落建设投入少，厕所原始，民居简陋，公共设施缺乏，乡村生活处于落后状态。这是乡村振兴迫切需要提升的乡村类型。

第三种乡村类型是生活型。这类乡村拥有漂亮的民居、整齐的街道、完善的基础设施和公共服务，具有现代化的特点。但是，乡村缺少产业支撑，有些失去了发展农业的条件，非农业劳动收入成为村民主要收入来源，乡村成为纯粹生活的地方。一些城中村、移民新村就属于这种类型。这类乡村有两种结局：一是发展为小城镇或成为周边城市的一部分，二是由于缺乏产业支撑，人去楼空，成为"美丽的摆设"。现实生活中后者不乏其例，是应该努力避免的。

第四种乡村类型是理想型。这是乡村振兴所追求的类型。这样的乡村既有健康发展的产业，又具备现代生活条件，人们过着为城市人所羡慕的幸福生活。我们曾经调研了浙江的一个典型村落，这个村叫何斯路村，2008年以前还是一个低收入村，民居破败、污水横流，年轻人纷纷离开家乡，土地荒芜、缺乏生机。而如今这里已经成为远近闻名的富裕村，产业发展了，村民富裕了，村容整洁了，乡风文明了，年轻人纷纷回来了。乡村充满了生机，实现了由落后到富裕的蜕变。

当然，这四种类型的乡村是可以相互转化的。我们可以看到，一些新建的美丽乡村没有几年就衰败了；也可以看到，当年作为典型宣传的乡村昙花一现后又回到了老样子；还可以看到，原来的贫困村变富裕了，本来没有产业支撑的村落，发现了新的经济增长点，实现了产业兴旺。

如何让乡村向着人们期望的方向发展，真正把乡村建成人们向往的美丽幸福家园，这需要了解乡村的特点和规律。在某规划设计院学术周活动上，我曾发表过一个关于乡村价值的演讲，其中讲到"乡村是从大地上生长出来的"，因为我们常常被一个个美妙绝伦的传统村落所吸引，为错落有致的村落布局、精美的建筑格局以及人与环境的和谐关系所感动。但是迄今为止，我们没有看到过一个由规划设计院设计出来的、被大家认可的美丽乡村。一位与会者向我提出一个这样的问题：乡村振兴或美丽乡村建设需要规划吗？我认为，在过去传统社会乡村没有规划，但是建设者都自觉遵守了适应生产和方便生活两个原则，所以乡村可以自由生长而又井然有序。如今这种自由生长的条件已经不具备了。在南方的一些乡村可以看到，狭小的宅基地上建着五六层的狭窄楼房，布局杂乱，无章可循。如今，乡村居民的需要已经多元化了，民居建造的理念也发生了变化。因此在当今的乡村环境下，自然长出美丽乡村的可能性已经很小了。于是规划就显得尤为重要。关键在于规划者要十分清楚乡村与城市的差异，需要把握乡村的价值特征，了解乡村的结构特点和发展规律。

二、乡村的空间结构

理想的乡村不是杂乱无章的，而是有其精细结构的。有人形容说，乡村就像艺术大师精心雕刻的一件精美的工艺品。因此不懂乡村结构、不懂乡村价值的人是不能随意改造乡村的。因为改变乡村的任何一个地方，都可能导致对乡村的破坏。对乡村的未来，冯骥才表达了他的担忧，他说："现在城市的悲剧正在向农村转移，打着城镇化发展和新农村建设的口号，大批的房地产商把城市土地开发完了后，正在转向农村，因为农村还有大量的土地。这一波，如果我们控制不了，千姿万态的村落就会变成城市里那些建筑垃圾。"新农村建设，确实存在建设一个破坏一个的现象，这种建设性破坏源于对乡村功能和价值知之甚少。

要建设好乡村，就要了解乡村；要了解乡村，就要从了解乡村空间结构开始。

如果乘飞机从高空俯视大地，就会看到一个个乡村以不同的姿态镶嵌在绿水青山之中。行走在村落中，首先映入眼帘的是一处处民居，由村内的道路把一个个院落联结起来，形成了一定形态的村落；你或许还会看到村落里的祠堂、戏台、磨坊、学校、广场、商店等。在小河边、院落里，你可以看到鸡鸭鹅跑来跑去，三三两两的村民聚在一起聊天。乡村居民就生活在这样的环境中。

（一）乡村聚落

"聚落"一词在古代就是指村落。聚落是人类有意识营造出来的生存环境。传说人文始祖黄帝之时，人们居无定所，"迁徙往来无常处"，到了帝舜时期（公元前4000—前3000）开始定居并形成聚落。在《史记·五帝本纪》有这样的记载："舜耕历山，历山之人皆让畔；渔雷泽，雷泽上人皆让居；陶河滨，河滨器皆不苦窳。一年而所居成聚，二年成邑，三年成都。"说明在舜的时代，中国已经进入了耕稼社会，随着农业生产的发展，聚落也不断扩大成不同规模和形态。考古发现也验证了这一说法，如半坡村落遗址距今已六千多年历史，在聚落的中心部分就发现了房屋、贮存东西的窖穴和饲养家畜的围栏，还有供公共活动的大房子。据推测，这个聚落曾住着三四百人。

作为祖先的重要发明，聚落自诞生起就作为一个有机整体，迅速成为既适应地理环境和气候条件，又具有文化内涵的居住形态，并形成了一脉相承又不断发展变化的人居环境历史脉络。聚落在演进过程中，从天然洞穴到人工居所的转变被认为是"居住革命"，实现了以开发利用生存资源为目的的转移。在这个过程中，各种形态的聚落被创造出来。

村庄因需而设，应需而为

乡村聚落不是简单的建筑物的集合，而是天时地利人和在村落形成过程中的综合体现。从空间结构看，乡村村落有各种建筑物、构筑物，如民居是老百姓生产与生活的空间，围墙、碉楼等是为安全和保卫需要构建的，牲畜棚圈、仓库场院等是满足百姓生产需要而存在的，祠堂、庙宇、广场、文化中心等，那是村里用来祭祀、聚会和娱乐的场所；还有乡村的小商店、小诊所、学校等生活服务和文化设施，以及乡村道路、水系，乡村的林地、农田、绿地、水源地等，都是乡村聚落的重要构成元素。

这里，我们就乡村聚落的形态做些分析。由于地势多样、地形复杂，千差万别的丘陵、山地、河流、低洼、湖泊等地形和地貌，决定了村落的形态各异。在耕地较为集中的地区，农户的耕作半径较小，户与户聚集而居，村落呈现出聚集的形态；而在耕地分散程度较高的地区，农户为了尽可能降低生产成本，其居住地的选择就要靠近某一块耕地，一家一户各自选取较为理想的耕种土地，户与户之间相对比较疏远，村落就呈现出分散形态。

人们利用地形、耕地以及水资源等共同协作生产，成为影响村落形成的重要因素。在旱作平原地区，由于农耕条件优越，村落形态规模较大，人口众多，房屋密集，以较大规模的团状村为主；在丘陵地区，村落沿坡地平缓延伸成带状，或若干乡村聚落沿河岸遥相呼应形成串珠状；在接近水源的平原地区，则沿河发展出带状村落。散村是以孤立农舍为基础的零星分布的点状村落，多分布在交通不便的山区、边区等地。村落或顺山势而建，或沿水而栖，不仅最大限度地利用土地，也形成了错落有致的村落景观。特别是在山地较多的西南地区，地势相对平坦的地方就容易形成村落，但限于耕地面积，村落规模小，往往只有几户或十几户。有限的耕地和不断增长的人口都决定了村落规模不可能无限扩大，任何一个村落都有其边界，或是一座山、一条河，或是一条小路、一片树林。在村落比较密集的平原地区，尽管村与村之间道路纵横交错，但村落范围和边界却是明晰的。因为，一个村落的耕地数量有限，耕地权属清晰。村落是农民基于耕地自然特性的要求，为便于生产和生活而对居住方式做出的理性选择。对于农民而言，符合耕地特性的最佳居住形态就是村落。作为农民的居住场所,村落在满足农业生产和人们生活需求上都具有重要的意义,这是理解村落与农业关系的依据。

最近这些年,国家越来越强调美丽乡村建设要保护生态环境,注意保持乡土味道,体现农村特点,保留乡村形态和风貌,传承优秀传统文化;要建设有历史记忆、地域特色、民族特点的美丽乡村。2013年12月,习近平总书记在中央城镇化工作会议上讲话时指出,在促进城乡一体化发展中,要注意保留村庄原始风貌,慎砍树、不填湖、少拆房,尽可能在原有村庄形态上改善居民生活条件。习近平总书记为什么要强调原有村庄形态?原有村庄形态具有怎样的意义呢?原有村庄形态是村落在空间分布上呈现出的布局和形状特征,不仅包括了构成乡村的诸多

自然生长出来的村庄

要素在空间上结合所呈现出的乡村生产及生活的骨架效果，也体现着乡村格局有机生长的过程，承载着丰富的乡村历史信息。研究乡村形态或肌理，至少具有美学、生态、和谐三个方面的意义。杜牧的诗句"千里莺啼绿映红，水村山郭酒旗风"映照了江南乡村美景，王维的"竹喧归浣女，莲动下渔舟"描述了水乡劳作的意境，这些田园诗歌所折射的正是乡村田园之美。乡村是自然的、生态的。农耕是对乡村生产、生活的高度概括，农民从土地中获得回报，养成了善待土地的品质。村落的选址和造屋都体现了劳动人民对自然的理解，散、聚相结合的村落形态投射出对土地资源的尊重。乡村是美的，表现在村落建筑的错落有致，形式与功能的完美结合，材料利用、建筑结构与形式，甚至房梁屋瓦、雕刻装饰、色彩搭配等都严格遵从装饰的风俗，渗透着人伦秩序。乡村是和谐的，不仅表现在山水林田浑然一体，生产生活相得益彰，人神对话，天人合一，人与自然和谐相处，还体现在家庭和睦、邻里互助，是人与人和谐关系的基础。

（二）乡村庭院

乡村庭院是构成乡村聚落的基本单元。乡村庭院有着悠久的历史，在农民的日常生活与生产当中占据着重要地位。如果将村落比作农户的"大"生活与生产场所，那么乡村庭院就是农户的"小"生活与生产场所。农民的生活与生产在这里以微观的形式得以生动体现。此外，乡村庭院也是中国传统建筑的重要表现形式之一，它区别于现代城市的居民楼，带有浓郁鲜明的乡村风情和乡土特色。

从建筑角度来看，乡村庭院是指农户居住地房前屋后的院落及其周围一定界限范围内的闲散土地和零星水域，包括庭、院、园三个立体空间层次。

先看看乡村的庭。庭指的是房屋内外及其上下空间，在建筑学上，它体现的是一种空间形态。从社会生活的角度，我们认为它是农民饮食起居、物品储存、家庭团聚的生活场所，其形态和样式与一个地区的文化传统息息相关，特别受到当地的宗法、伦理、血缘、宗教、习俗等社会文化因素的影响。依据F.拉采尔在《人类地理学》中的表述："凡适宜于人类生存的地方，特定的自然环境、气候条件决定了当地人主流的生产方式；而环境条件和生产形式又影响到他们的生活方式乃至包括居住形态在内的行为和思维定式。"[1] 中国南北方的庭，其构成格局多样，对庭的考察，既要重视其空间形态和布局特点，也要重视其所在的特定文化场域。因为"在中国传统建筑中，庭既是一种空间形态，又受到传统文化的限定，庭的这种双重结合使对它的研究也必须从空间与文化两个方面入手。"[2]

华北平原村落里多数是平房，房屋以木柱托梁架檩，支撑椽子和轻瓦屋顶，以青砖墙、生砖墙、石墙及夯土墙为界，围成北、东、西三面，南向开门及安窗户。以北京四合院为典型代表。四合院以坐北朝南的三间正房为主体，正房两边是耳房，前面是中心庭院，庭院东西两侧是厢房，厢房两边也各有耳房，庭院南边有垂花门通向前院，前院南侧是大

---

[1] 雍振华：《关于传统民居研究的思考》，《南方建筑》2010年第6期。
[2] 任军：《文化视野下的中国传统庭院》，天津大学出版社，2005，第23页。

门，或与大门并排的倒座。有的四合院在与大门相对之处立影壁，朝南的正房与东西两侧的厢房用回廊连接。规模较大的宅院正房之后留后院，后院之后再修正房，厢房后留狭长天井，天井之后再修厢房，这种方式向后方和左右叠加。四合院的装修、雕饰、彩绘体现着民俗民风和传统文化，表现一定历史条件下人们对幸福、美好、富裕、吉祥的追求。如以蝙蝠、"寿"字组成的图案，寓意福寿双全；以花瓶内安插月季花的图案，寓意四季平安；而嵌于门管、门头上的吉祥语，附在檐柱上的抱柱楹联，以及悬挂在室内的书画佳作，更是集贤哲之古训，采古今之名句，或颂山川之美，或铭处世之学，或咏鸿鹄之志，风雅备至，充满浓郁的文化气息。登斯庭院，有如步入一座中国传统文化的殿堂。

南方村落民居多见楼房，或为古代巢居的演变。传统民居一般只是两层，仍以木构架为主体，木梁柱支撑较大的挑檐、重檐、飞檐、阁楼、吊楼等，用精确的榫卯工艺制作。周围墙体多用砖石砌成，也有用木板嵌合四壁。各地楼房布局依自然条件及习俗不同而有差异。丘陵山地的楼房多依山傍水，江浙水乡的楼房则前街后河，福建的土楼庞大美观，苏州的楼阁小巧秀丽。

南北方村落的房庭有一个共同特点，那就是就地取材，有效利用当地的建筑材料和资源，体现了人类尊重自然、利用自然、改造自然的特性，体现了中国传统文化天人合一的理念。同时，民居在不同地域呈现出各具特色、各有其利的样式，多样而不杂乱，将中国传统民居文化的丰富与多元发挥得淋漓尽致，以"各美其美，美美与共"的姿态展现出中国传统文化的自觉性。

再看看乡村的院。院是指房前屋后的空间和周边隙地,通常称为院落。院落是农村住宅的重要组成部分,它是由屋宇、围墙、走廊等围合而成的内向型封闭空间。院落最初的作用是防御自然灾害侵袭和社会不安全因素的侵犯。在我国农村,大多数农户的院落是露天的,其与大自然亲密相融,营造出宁静、安全、洁净的生活环境,是房屋采光、通风、排泄雨水所必需的,也是居住者进行室外活动及美化生活的重要空间。

常见的院落形式有前院式、前院带侧院式、后院式、前庭后院式等。采取什么样的院落形式,首先要根据当地的气候和地形条件等因素来考虑。比如北方的农民住宅有开阔的前院,其主要目的就是为了能在冬天享受充足的阳光;而南方的农民为了减少夏天烈日曝晒之苦,院落

院园合一的乡村民居

通常建得都比较小，形象地称之为"天井"，能增强室内的通风效果；而位于山地的住宅，限于基地狭窄，往往不能采用规整、开阔的院落布局。除了要考虑自然因素，农家院落形式的选择还要充分考虑到生产的方便。例如，从事养殖业的农户一般会选择前庭后院或前院带侧院的院落形式，因为这样的院落形式可以从布局上使日常休闲活动区域与饲养区分开，实现洁污分离，解决了养殖污染居住环境的问题。从事工商服务业的农户，一般会采取前院式的院落，在前院加盖房屋为经营提供足够的空间。

"园"的本意是指种植蔬菜、果树和花木的地方，如菜园、果园、花园等；也指供人游玩、娱乐的公共场所，如公园。过去的大户人家，都有自己的后花园，供家人游憩和娱乐。如今的乡村很难找到独立意义的"园"了。院园合一，村民可以在自己的院落里，营造出园的景观。在围合的院落里，村民栽植富有寓意的果树和花卉，围一个小菜园，坐在院子里看花开花落，感受四季变化；还可以把酒言欢，促膝谈心，共享天伦之乐。正是这样院园合一的院落，吸收着日月之精华，万物之灵气，成为中国人心灵归宿的家园。

（三）乡村公共设施和公共空间

乡村的院落不是孤立存在的，而是通过一系列的公共设施，把农户院落和乡村其他要素联系起来形成有机整体，这些连接物有的是有形的，有的是无形的。乡村公共设施和公共空间就是将乡村连接在一起的重要纽带和黏合剂。

乡村公共设施是满足村民生产与生活需要的基本设施。如，村内道路通畅了，可以改变人们的生产和生活方式。过去道路不通，村民买卖东西、运输农产品要靠手提肩扛。有了道路，人们可以方便地使用运输工具。村内的道路也为人们相互交流提供便利。再有，完善乡村水利灌溉工程，不仅农业生产有了保障，也促进了产业结构的变化。家家户户通了自来水，饮水卫生有了保障，人们的公共卫生意识也随之发生改变。乡村还有交通、通信、医疗、商店、图书室、学校、养老院、村委会、便民服务中心、垃圾收集与处理场所等公共服务与设施，公共服务与设施的完善程度是衡量乡村发展的重要标志之一。

乡村公共空间是村民的公共活动场所。"公共空间"最早出现在英国社会学家查尔斯·马奇于1950年发表的《私人和公共空间》。他认为，公共空间是社会生活当中能够形成公共舆论一类的事物的领域，强调公共空间的沟通与信息传播的功能。这一概念后来被广泛应用。

公共空间在乡村建设中具有特殊重要的意义，它是村民们相互交往、交流和形成一致价值观的重要条件，也是"记得住乡愁"的基本要素，是乡村归属感、村民自豪感与成就感等社会心理得以存在的空间基础。

在传统乡村，作为重要的公共空间，祠堂是古代家族供奉祖先和祭祀的场所，是宗族的象征。在乡村建筑中，祠堂不但规模最宏伟、装饰最华丽，而且注入了传统文化的精华，常常与塔、桥、庙、戏台等相映成趣，成为乡村独特的人文景观。每逢祭祀之时，族人便在祠堂作礼设祭。清明扫墓，也要先到祠堂祭奠神主，然后再至各家的墓地祭扫。在祠堂里，大都珍藏着宗谱，将宗族的血缘亲疏、辈分等谱系和家规、家法等内容记载下来,为本姓宗亲掌握和遵从。祠堂同时还是宣讲族史和礼法的课堂。每逢在祠堂举行祭祀仪式,都要缅怀祖先的光辉业绩,向族人讲述祖宗创业的历史,定时宣读家法族规,让族人牢记先贤语录和训勉之辞。一些家族的重大事务也要在祠堂中讨论确定,如推选族长、购置族产、保卫村庄、同邻族打官司等,都由族长召集全体成年人在祠堂开会讨论决定。祠堂又是家族的法庭,族长可以在祠堂惩戒不肖子孙或其他违反家法的族人。祠堂还在本族子弟助学、奖学或开设义学、义塾等方面发挥作用。

如今,祠堂的传统功能被弱化了。不过,通过匾额、楹联、碑记,以及族规家训等祠堂文化内涵,可以宣扬爱国、孝悌、敬业、诚信、友

浙江乡村文化礼堂

善、勤劳、俭朴等道德风尚。形成男女平等、尊老爱幼、扶贫济困、礼让宽容等文明道德、和谐友好新风尚。祠堂还可以发挥乡村道德教育基地的作用。现在，人们也常常在祠堂里举办入学礼、成人礼，鼓励族人勤奋读书、光耀门庭、荣宗耀祖，提高整个家族声望。每当年节或家族内重大的喜庆活动，祠堂又是全族欢庆或娱乐的场所。大一些的祠堂，通常建有戏台，好戏连台，既是唱给祖辈听的，更是演给宗族内后辈看的。

在浙江很多乡村，在保留祠堂原有的尊祖重孝等道德教化功能的同时，按照农村文化礼堂建设的内容要求和规范，大胆创新，将传统祠堂文化与现代文化融为一体，使得宗族祠堂保护与文化礼堂建设相得益彰，打造了独具特色的村民的精神家园。

除了祠堂，传统村落的戏台前、水井旁、十字街头、大槐树下等都可以成为人们茶余饭后谈天说地的公共空间。现代村落的公共空间发生了很大变化，一些村庄没有祠堂，代之而起的是乡村多功能礼堂，这里可以举行各种民俗聚会，可以举办培训班，甚至成为举办红白喜事的公共场所。有些新农村为村民修建了文化广场，每天可见到村民在这里扭秧歌、跳广场舞。村民议事中心是村民讨论村务和参与决策村内大事的地方。还有商店前、学校门口以及配备了健身器材的小广场等地方，也成了村民们聚集的新的公共空间。

三、乡村的社会结构

乡村的社会结构是指乡村社会成员结成的方式及其关系格局，包括人口结构、家庭结构、社会组织结构、就业结构、收入分配结构、消费结构、社会阶层等内容。

（一）乡村社会的细胞

乡村社会是由一个个家庭构成的，家庭被称为乡村社会的细胞。相对于城市家庭而言，乡村家庭具有很多不同的特点，突出表现在三个方面：

第一，乡村家庭是一个集生产、生活和社会交往于一体的有机综合体。首先，乡村的家庭是一个生产经营单位。家庭特点和农业特点的高度吻合，使以家庭为基础的农户经营组织成为农业的基本生产单位，只要农业生产特点不发生变化，农户的农业生产适应性就不会发生变化。这是农户经营长期存在的最根本原因。农业劳动的分工在家庭成员之间进行，充分体现力所能及、人尽其用的原则，利他主义也只有在家庭环境下可以被发挥到淋漓尽致。由于农业生产的季节性，农忙时节需要较多的劳动力，以亲友互助为重要内容的家庭网络得以发展，这是乡村互助传统的源泉。其次，家庭作为生活和消费单位，其生活节奏与农业生产的季节性相吻合，乡村家庭消费具有很强的自给自足特征，农民不像市民那样，主要依赖社区和市场获取商品，农民的许多生活用品，特别是农副产品和手工艺品是可以自我满足的。此外，家庭成员的消费意愿、消费结构、消费水平、消费方式受到农业生产方式的制约和影响。最后，由于乡村社会主要是由血缘关系和地缘关系形成的家庭与家庭之间的交往，因此，任何一个家庭成员都可以代表自己的家庭与其他家庭礼尚往来。如在乡村普遍存在的邻里之间的帮工、红白喜事随份子、拜年、祝寿等活动，都是按家庭单位进行的。

第二，家庭的抚育和赡养功能。"老吾老，以及人之老；幼吾幼，以及人之幼。天下可运于掌。"孟子的这段话是说，如果把孝敬自己的长辈推及敬重别人的长辈，把抚爱自己的子女类推到抚爱别人的儿女，那么天下要统一就很容易了。尊老爱幼被认为是中国传统道德的精华，有着经久不衰的生命力，一个重要的原因就在于家庭的存在。自古以来，赡养老人、养育子女就是家庭的重要职责。儿童的社会化是从家庭开始的，在家庭环境中，通过父母的影响及指导，儿童获得了最初的生活经验、社会知识和行为规范，特别是在互动过程中，家庭成员不仅可以增进彼此之间的感情交流，感受爱与被爱的温暖，长辈还能帮助小辈掌握基本生活技能。人是情感动物，感情是相互的，家长为子女付出了，同时也收获了子女的尊重和孝敬。

第三，大家庭聚族而居。所谓大家庭，一般是指三代及以上有血缘关系的人共同组成的亲族社会群体，也就是我们所说的"四世同堂""五世同堂"。大家庭结构一方面适应农业生产的需要，农作物的耕种、收获要赶节气，时间紧、劳动繁重，需要较多人力配合，家庭成员自然越多越好；另一方面，大家庭有助于实现家庭内部合理分工，做到人尽其用，为乡村生活提供诸多便利。现在的乡村家庭常常是分户不分家的，虽然户籍分开了，表面上是一户户小家庭，但实际上在生产、生活、交往等方面依然保持着大家庭整体观念和形态。

一个家族，在世世代代的生产生活中会形成一定的传统，被称为家风。家风是家庭成员为人处世的态度、行为准则、精神风貌、道德品质、审美格调和价值观念等的综合体现。家风渗透在家庭成员处理日常生产生活和各种关系的态度与行为当中。一个家族的家风往往体现为有德望的祖先定下的家训、家规，这些家训、家规其实就是人们常说的家教。

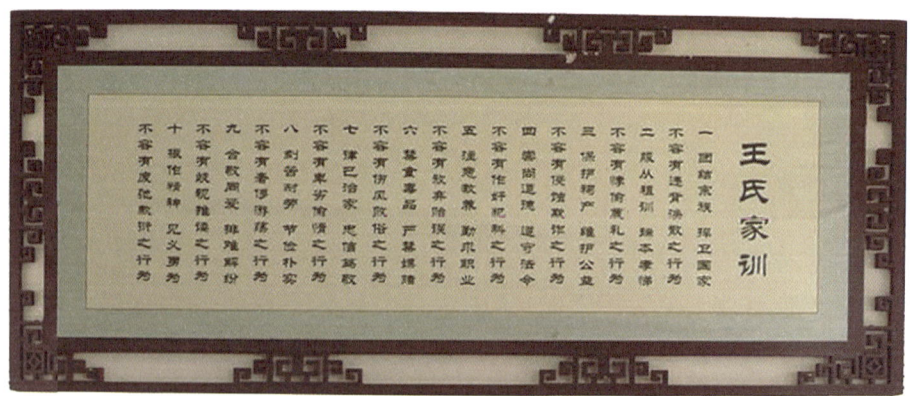

湖北省竹溪县家规、家训牌

无形的家风必须依赖有形的家教而得以流传并发扬光大。人们都明白一个道理，家庭是社会的细胞，家风是民风的基础，好的家风为良好的社会风尚奠定基础。近些年，通过弘扬优秀家风促进社会和谐的典范不断涌现。我们曾调研过的湖北省竹溪县的"家规家训进万家"活动，就是从挖掘、收集、整理优秀家规家训开始，广泛开展评德立范、家训牌匾馈赠活动，用身边的家规家训故事教育群众。通过树标立范，传播和弘扬良好家风，以"慈孝"为道德原点，按照"人立言、家立规、族立训、村立约"的要求，全县大力开展"家规家训进万家"活动，在乡村治理方面取得了很好的效果，促进了社会、经济、文化的协同发展。

（二）远亲不如近邻

邻里是空间上相邻并存在互动关系的社会群体。邻里是经由日常生活互动所形成的人们之间团结、互助、友爱关系的表达，具有认同感和亲近感。自古有"远亲不如近邻"的说法，形容的就是乡村邻里的特殊关系。邻里互助现象从村落诞生的那一刻就产生了。首先是生产需要，小农生产面临各种灾害，稍有意外就会陷入困境。因此，维系邻里间的密切关系，必要时获得人力、物力和财力的帮助十分重要。其次是生活的需要，从生活用具的借用，到帮忙照料老人和儿童，再到婚丧嫁娶的帮助与支持，邻里关系都起着十分重要的作用。最后是情感需要，串门、聊天、打牌、下棋是最常见的邻里交往活动和娱乐方式。在这个过程中，人们交流情感、互诉衷肠，长期相处，频繁互动，使邻里之间结下了深厚的感情。

村落里的大事小事，村民都会互相帮忙，从而形成了固定的合作圈。别人帮了你，意味着你欠别人一份人情，以后可以通过出劳力帮忙或逢年过节买礼品酬谢的方式偿还。正是通过彼此的亏欠与偿还，邻里之间的感情得以巩固，彼此尊重和团结得以形成，村民认同感得以加强，稳定的合作关系得以形成。邻里互助不仅有助于资源优化配置，提高劳动效率，而且以此为契机加强了邻里之间的和睦、友爱和团结。

针对当下邻里互动渐少、邻里关系趋于冷漠疏远等现象，乡村治理应着力于改善邻里关系。古为今用，通过传统文化教育、引导村民对乡村的认同是十分有效的改善措施。有学者提出，要把"宣扬仁爱"作为睦邻友好的核心思想，将"帮扶弱者"作为睦邻友好的优先方向，以"自治"与"乡约"作为睦邻友好的法治措施，以"礼"与"让"作为睦邻友好的德治手段[①]。但要从根本上改变乡村邻里关系淡漠的现状，需要综合措施。特别注意不要任意改变乡村结构，尽可能维系村落邻里的空间形态。中国乡村的邻里关系是基于固定的院落空间关系和生活范围而形成的，由于这种固定性，才结成了稳定封闭的邻里关系。在传统的村落里，构成邻里的各个家庭在空间上彼此靠近，甚至屋檐相连。邻里之间抬头不见低头见，茶余饭后，大家很容易聚在一起谈天说地，孩子们打成一片。近些年，由于对传统村落空间结构社会意义的忽视，在改造乡村的过程中，传统住房结构发生了变化。特别是由开放的院落转变成封闭的单元楼，使乡村邻里从整体走向彼此隔绝。封闭的单元楼在改变

---

① 高磊：《中国传统文化视域下的邻里关系重建》，《南通大学学报（社会科学版）》2013年第7期。

住宅结构的同时也改变了乡村的社会结构和文化结构，增加了乡村治理的难度。因此，乡村建设要特别重视传统村落肌理的重要意义，为邻里创造尽可能方便的交往空间。

（三）为了光宗耀祖

人们常用"热爱家乡""记得住乡愁""告老还乡""叶落归根""光宗耀祖"等表述家乡情怀。这种家乡情怀源于对家族的认同，可以说家族是"记得住乡愁"的最重要的载体。

厦门大学的黄金兰教授曾较系统地梳理过中国的家族观念。她认为中国人的家族，是一个空间与时间的连续体。在空间上，家族是家庭的扩大；在时间上，家族意味着一种过去、现在和未来的有机联结[①]。费孝通从家族所承担的社会功能角度，认为中国家庭和西洋家庭在结构上是截然不同的。在西洋家庭中，夫妇是主角，子女只是配角；而在中国家庭中，父子是主角，夫妇反倒成了配角。这种差异的存在，费孝通认为主要在于家庭所承担的社会功能不同。西洋家庭主要功能在于生育，至于政治、经济、宗教等功能，则由家庭以外的团体来承担；而中国家庭除生育之外，还担负着政治、经济、宗教等诸多功能。"为了要经营这许多事业，家的结构不能限于亲子的小组合，必须加以扩大。而且凡是政治、经济、宗教等事物都需要长期连续性的，这个基本社群决不能像西洋家庭一般是临时的。家必须是绵延的，不因个人的长成而分裂，不因

---

① 黄金兰：《家族观念在中国传统社会中的秩序功能》，《现代法学》2016年第3期。

个人的死亡而结束，于是家的性质变成了族。"①

家族成员在横向和纵向上彼此联系，不仅将在世的家族成员牢牢凝聚在一起，也在他们与其祖先及后代之间，结成一根连绵不断的纵向纽带。死者依然作为大家庭的成员，死者的墓地就像生者的庭院一样，会受到精心照料，死者还会被定期"请"回家中，参与特别的仪式。宗祠、族谱和祖先牌位等，是家族的物质象征，通过各种仪式不断深化人们对于家族的认同。这种认同，不仅发生于活着的族人之间，还发生于他们与祖先之间。无论是祖先生前的荣耀，还是家族艰辛的成长史，都会成为人们共同的家族记忆，并深深地嵌入每个家族成员的脑海之中，进而成为增进他们彼此认同和团结的纽带，从而使家族成为族人共同的精神家园。更重要的是，家族还是一个荣辱与共的共同体，人们分享着祖先的荣耀，长辈也会为晚辈的成就和荣誉而感到欣慰，同时，族人的失败和恶名也难免会让祖先蒙羞。由此，对族人的行为产生两个方面的效果：一方面，为家族争光，把光宗耀祖作为个人终身的奋斗目标；另一方面，不做对不起祖宗的事情。不管哪个方面，对于人们的行为，都能起到有效的调节作用。

光宗耀祖和家族认同，是通过顾及祖宗颜面和家族脸面来实现的。在西方文化中，脸面是个体性的，一个人所做的行为，仅仅代表他自己，而不代表其他任何人；同时，他人对其行为所作的评价，也仅仅限于行为者本人，而不会波及他人。中国人的"面子文化"则截然不同，对中

---

① 费孝通：《乡土中国·生育制度》，北京大学出版社，1998，第40页。

国人而言，其言行的动机除了希望社会对自己形成某种好评之外，更重要的还在于要为家族争光。"中国人走到任何地方都不会忘记他的家人，他在社会上奋斗也不是为他自己，而是他的父母、家族和乡里，因而中国人奋斗的动力和目标仍然聚集在光宗耀祖上。"① 乡贤文化就是源于光宗耀祖的心理动力。在调研过程中，我们遇到很多这样的企业家，他们愿意回乡投资，或修桥修路，或修建祠堂，或建养老院，总之要为家乡做贡献。因为获得家乡人的赞赏，是最有成就感的事情。一个回家乡投资的企业家说，他最大的愿望就是将来家谱给自己写上一笔。这位企业家克服困难和阻力回老家创业，千方百计为家乡找项目、搞培训，目的是照顾族人，带动他们走共同致富的道路。他说，让族人先富裕起来是自己的荣耀，得到家族成员的认可，是他最有成就感和自豪感的事情。

如今，家族作为一种根深蒂固的乡村社会组织存在，其神圣的族权随时代变迁已经消退，家族行为的新变化使其在新的历史阶段发挥着新的作用。如一些乡村的修谱活动，打破了传统家族的陈规，媳妇和出嫁的姑娘也被写进了族谱——传统的家族观念正在被现代平等思想所取代。隆重而热烈的祭祀活动，尽管失去往日的神圣光环，但在很大程度上依然是人们认祖归宗和文化认同的重要表现形式，而家族成员的精神支持与行为参与，更多地体现在对历史情感与文化价值的高度认同上。平等、竞争、契约、法律、理性等新的价值因子渗入家族的内核之中。家族在生产互助、生活接济、满足族人人际交往需求和精神慰藉等方面继续发挥着重

---

① 翟学伟：《中国人的脸面观：形式主义的心理动因与社会表征》，北京大学出版社，2011，第120页。

要作用。特别是对家族成员行为的规范与教化,历来受到家族的重视。

家族成员在长期的生产生活中所形成的手足相亲、疾病相扶的传统,使家族成员之间保持着密切的联系和情感依恋。通过一系列的家族活动,如修谱祭祖、修建祠堂、婚丧嫁娶等,可以唤起家族成员的认同感和归属感,密切家庭成员关系,满足情感需求。家族要达到尊祖睦族的目的,往往要借助于祠堂祭祀活动凝聚人心,实现尊祖敬宗、团结族人、掌管族人的目的。通过族规、祖训规范家族成员行为,光宗耀祖、为家族争光就成了家族成员共同的价值追求。家族成员能合理地汲取家族规范和礼俗机制,维持道德层面的村庄公共秩序,某种程度上家族管理比行政管理更有效,有些情况下甚至起到了法律所不能起到的作用,从而为乡村社会提供了安全的价值取向和稳定的社会秩序。

(四)乡村组织

除了家庭、邻里、亲族关系,在乡村还有各类正式或非正式的组织,维系着社会的和谐有序运转。

1.村党组织

村党组织是乡村处于领导地位的组织。人们常说:"农村富不富,关键看支部;支部强不强,全靠'领头羊'。"我们考察过的那些产业兴旺、乡风文明、治理有效的典型村,有一个共同的特点,就是都有一个好的党组织,党组织里有个好支部书记。所谓好支部书记,一是有能力,能带动老百姓致富,会协调村民关系;二是品德高尚,不占不贪,有奉献精神。所谓乡村基层党组织的建设,第一,要把最优秀的人才吸收到党组织里来，始终保持党组织的先进性；第二，要把"懂农业、爱农村、爱农民"且勇于奉献的党员选拔到村党支部书记的岗位上来，让他们发挥作用。特别是要加大在青年农民中培养和发展党员的力度，着力解决农村党员队伍老化、青黄不接的问题，储备村级后备力量。

2. 乡村自治组织

《中华人民共和国村民委员会组织法》规定，村民委员会是村民自我管理、自我教育、自我服务的基层群众性自治组织，实行民主选举、民主决策、民主管理、民主监督。

乡村具有自治的传统，也具有自治的物质基础。特别是村规民约在一个相当漫长的历史时期维护着中国乡村社会的基本秩序，受历代推崇。村规民约不断发展完善，是民族文化的重要组成部分，也是发挥村落教化功能的重要途径。如北宋的《吕氏乡约》，用通俗的语言规定了处理邻里乡党之间关系的基本准则，规定了乡民修身、立业、齐家、交友应遵循的行为规范，以及送往迎来、婚丧嫁娶等活动的礼仪习俗，对后世乡村治理模式影响甚大。今天，乡村自治遇到了一些问题，如行政村范围越来越大，乡村自治的物质条件不复存在，村落共同体消失；农民主体地位被弱化，乡村民主监督机制尚未完善，等等。

针对这些问题，要提高乡村自治能力，就需要重构农村基层自治体系，治理单位下沉到自然村是有效措施之一。第一，熟人社会、共同利益，是乡村天然的自治优势，为村民直接参与乡村自治提供了可能。自然村村民之间经济关系紧密，有着共同的集体资产和经济利益；自然村在地缘上是一个相对独立的单元，村民具有共同的公共事务和公益事业，情感上也容易认同。第二，以自然村为治理单位，为村务管理提供便利。一方面，由于村民对各家、各人的情况熟悉，在村务、财务、集体土地等事项上的监督更容易到位，村务公开更容易落实，从而有利于激发村民的民主意识和参与意识；另一方面，以自然村作为自治单元，更符合村组干部的非职业特征。他们可以把村务管理融入生产生活之中，真正与村民打成一片。在这方面，广东省清远市提供了有价值的经验①。

3. 乡村经济组织

乡村经济组织是利用乡村经济资源组织生产和经营活动的单位，农户、家庭农场、合作社、集体主办的各类企业和公司等都属于乡村经济组织的范畴。其中，家庭农场与农民合作社被称为现代农业新型经营主体的代表，对实现农民利益和维护国家农业安全发挥着至关重要的作用。家庭农场是以家庭成员为主要劳动力的农业生产经营单位，是在小农户的基础上形成适度规模的。作为新型经营主体的家庭农场与传统农业一样，充分体现着农民的主体性，最大限度地发挥着农民的积极性和创造性。家庭农场有很多好处，如就地近地实现充分就业，有较高的和稳定的收入，不离开家乡便于照料家里的老人和孩子，让农民有更多的获得感与幸福感；有助于培养农民对土地的感情和责任，能有效遏制乡村的衰败；激活了农民对现代农业科技的应用，无论是新机械的使用，还是新品种、新肥料或新栽培技术的采用，家庭农场主都表现出了空前的积极性和主动性。

---

① 汤玉权、徐勇：《回归自治：村民自治的新发展与新问题》，《社会科学研究》2015年第6期。

尽管家庭农场继承了家庭经营的诸多优势,但在经营过程中也同样存在各种问题。如无法克服市场风险、个体交易成本高等问题。解决这些问题,需要建立更高一级的农业组织形式,这就是农民合作社。农民合作社是被证明了的最适合农业和农民特点的高一级组织形式。但近十年来,农民合作社的发展存在一些问题,这主要有两个原因:一是小农户缺乏合作意愿,二是脱离了乡村这个熟人社会共同体。因此,农民合作社的健康发展,要从两个方面着手:

第一,农民合作社应该以家庭农场为基础。小农户特别是兼业农户,缺乏合作意愿与动力,即使勉强被拉入合作组织,也因其没有积极性而导致合作组织缺乏活力。而作为新型职业农民载体的家庭农场,由于适度规模的形成,合作的意愿和发展的动力被激发出来。在家庭农场基础上组建农民合作社就具备了微观活力基础。

第二,农民合作社应该以乡村为单位。这是由中国传统文化与中国行政管理体制所决定的。传统村落是熟人社会共同体,在共同体内部有互帮互助传统,有共同的生产与生活资源,容易形成共同利益的纽带,具有天然的信任与监督机制,因而容易形成合作关系。离开村落环境,在陌生人之间建立信任与合作关系是十分困难的。只有充分利用乡村熟人社会的信任与合作传统,在合作组织内部形成合作机制,在农民合作组织之间建立现代契约制度,才能实现小农户与农民合作社的联合。因此,农民合作社组织应该与村落一体化,把农民合作社的原则导入农村集体经济组织,为乡村全面有效实施民主选举、民主决策、民主管理、民主监督提供组织基础。

4. 社会组织

在乡村除了政治、经济组织外，还有被称为社会组织或民间组织的一类组织。在乡村，这类组织大都没有在民政部门或工商部门注册，以非正式组织形式存在。如养老服务组织，帮助照料高龄老人，在村里办老年食堂，解决老年人吃饭和照料问题；垃圾分类志愿服务组织，指导垃圾分类，举办废品回收换礼品活动；民间调解组织，及时调解邻里纠纷，化解矛盾。有的乡村还成立了"说事评理中心"，遇到矛盾或纠纷，村民就邀请大家坐在一起，辩一辩，听听村里老人的建议，听听法律专家的解释。村里的红白理事会，规范了村里红白喜事的规模、标准，在移风易俗方面的作用是政府机构难以做到的。村里的文艺宣传队，以农民喜闻乐见的形式，把传统美德、国家的惠民政策以及普法内容传播给每一个村民。这些组织是村民自愿组成的，以服务村民、解决村民的实际问题、参与乡村治理为目的。

村民的需求是多层次、多样化的，有物质的、文化的、精神的、心理的。作为政府组织的有效补充，社会组织参与乡村治理，可以利用自身优势，承接许多社会职能。党的十九届四中全会重提"枫桥经验"，就是坚持党的群众路线，通过乡村社会组织把矛盾化解在基层。"小事不出村，大事不出镇，矛盾不上交"，依靠的正是民间调解组织的力量。还有新乡贤组织，号召从村里走出去的官员、商人、学者为家乡做贡献。有钱出钱，如修路、治水、建祠堂、学校、养老院；有力出力，如修家谱、写村史、兴办农民夜校。实践中，很多乡村正是靠新乡贤的带动和影响实现了振兴。

除了上述的乡村空间结构、社会结构，还有乡村文化结构。谈到乡村文化，很多人一脸茫然：乡村有什么文化？在他们看来乡村就是文化荒漠，于是就有了送文化下乡的做法，并把这些被村民称为"来去匆匆一场空"的形式当成了乡村文化建设的主要内容。也有人想到了让农民读书，读书就有文化，要有文化就必须读书，农家书屋就应运而生。其实，乡村文化之丰富远远超出人们的想象。有人用"文化宝库"形容乡村，一点也不为过。乡村文化包罗万象，根据不同标准可以划分为不同类型。我们可以简单地把乡村文化分为物质文化和精神文化，前者是乡村文化的物化形式，如村落建筑、村落形态与肌理、田园景观、农业生产与农民生活工具、生活用品、乡村手工艺品等；后者包括人们的信仰、风俗、地方文艺、节日时令、道德与价值观念、生活方式等。具体内容将在后续章节介绍阐述。

第二章

乡村产业兴旺的基础

　　提到乡村产业兴旺，有乡村生产生活经历的人会联想到与乡村有关的成语"五谷丰登""六畜兴旺"。为什么是"五谷"和"六畜"？古代"五谷"是指稻、黍、稷、麦、菽，"六畜"是指牛、马、羊、猪、鸡、狗。"五谷"和"六畜"，泛指多样化的种植和养殖——多业并举，如此才能百业兴旺。乡村要产业兴旺，必须明确两个基本问题：乡村有哪些产业？乡村产业与乡村的形态、结构有什么关系？

一、乡村有哪些产业

产业兴旺反映的是乡村生产内容的丰富性、多样性和多元性。乡村有多样化的种植业、养殖业，有丰富多彩的乡村手工业，有大田的农业生产，还有房前屋后种瓜种豆的庭院经济，更有现代社会发展起来的乡村休闲度假等新型产业类型。乡村产业的经营主体也是多元的，有以专业大户为主体的经营主体，也有以家庭农场、农民合作社、农业企业为主体的经营主体。从农民自身需要出发，多业并举、产业融合，是乡村产业兴旺的重要特征。

（一）多样化的种养业

产业"兴旺"不是有些人极力主张的所谓的产业专业化。一个村只做一个产品，卖了农产品挣钱，然后再从市场上购买所需要的农产品，即所谓"专业化＋市场化"。其实，理性的农民不会有这样的思维，他们追求的不是专家主张的所谓专业化，也不是所谓经济利益最大化，而是合理化和多样化。合理化是指为了满足村民综合需要而选择的能最大限度的利用资源的生产方式。多样化的种植养殖业是实现其目标的重要途径。

其一，多样化种养的好处，在于满足生产者的多种需要，维系"去货币化"的消费方式。尽管农民的货币收入不高，但并不会必然降低生活质量，原因就在于农民的消费很大程度上是自给自足的。农民不仅种五谷杂粮，也种植多种蔬菜，甚至生产肉、蛋、奶，满足自身的生活需求。不用花钱就可以吃到放心的农产品，是农民最显著的福利。可惜的是，在片面的专业化理念的影响下，很多农民放弃了这个令市民羡慕的福利，把自己变成了"购买者"。我们看到很多乡村的村民也像市民一样，去超市购买规模化养殖场生产的肉、蛋、奶，去集市采购通过长途运输贩运过来的蔬菜，这既不符合低碳的消费方式，也不是安全的农业模式。应该看到，农民的自给自足可以有效减轻市场压力，有利于提高农民的生活品质，也有利于国家的农业安全。

其二，种养多样化有利于降低自然风险和市场风险。一村农民只从事一种农业生产的设想常常遭到现实的打击。种养专业化会增加两方面风险。一方面是自然风险。专业化的种植业和养殖业很难避免自然风险，遇到自然灾害很容易全军覆没。2018年北方霜冻，导致许多果树种植专业户绝收，而非洲猪瘟又使大批养殖专业户遭受灭顶之灾。从生态学的角度看，多样化有助于生物多样性的保持，可以遏制大规模病虫害的发生。另一方面是市场风险。由于产品质量等因素，农民生产出来的产品不能通过市场交易获得预期的现金收入，不能满足农民的日常生活开支，致使农民生活陷入困境。一些地方搞"一村一品"，号召农民种玛咖，结果政府投了钱，农民出了力，产品却卖不出去，致使贫困户雪上加霜。有些地区号召农民种白萝卜，市场供大于求，结果导致赔钱更多。农民懂得"东方不亮西方亮"的道理，种养多样化可以降低自然风险和市场风险。

其三，多样化的农业有利于充分利用乡村资源。在牧区，牧民们懂得同时放养马牛羊多种家畜，比单一的养殖更有利于草场资源充分利用，因为不同牲畜食用草的类型是有差别的。农业种植更是如此。所谓乡村资源，包括乡村的自然资源、农业资源和文化资源，也包括乡村的空间资源和人力资源。乡村的自然资源，不仅山水林田湖草可以成为产业资源，野生动植物、地方物种、生态环境等均可以成为乡村振兴的经济增长点。地处丘陵山地的乡村，由于地形地貌的不同，同一个村庄的不同地块有着不同的特性，适合发展不同的种植业，有的地块适合种粮食，有的地块适合种蔬菜或果树。农民会根据具体情况安排不同的种植品种，而不会"一刀切"地搞一个品种。多样化的种植业和养殖业，对乡村人力资源的利用更容易做到人尽其才、才尽其用。多样化的农业既可以把一些劳动力化整为零，又可以把土地聚零为整，实现乡村劳动力充分合理利用。

多样化的农业可以充分利用乡村空间和农户时间，我们常用农家院落来说明这一现象。农家院落不仅是农民的生活空间，也是重要的生产空间。房前屋后种瓜种豆，发展家庭养殖业以及编织、纺织、食品制作、木工等家庭手工业，既把农业资源和空间资源利用到了极致，也实现了最优组合农民闲散的时间。这也是农户经济具有生命力的根本原因之一。

（二）作为产业的乡村手工艺

手工艺简称"手艺"，既包含了艺术成分，也是乡村产业的重要组成部分。乡村手艺到底有多少种？恐怕难以准确回答。有人对北方面食进行了粗略的统计，能叫得上名字的有200多种。不同地域、不同原料、不同烹饪手法就有不同的面食品种。艺术家从工艺角度将乡村手艺分类，如雕塑、编织、印染、绘画等。也有人从使用功能出发，将乡村手艺分为欣赏类、实用类、宗教和祭祀类等。欣赏类乡村手艺包括供置于案头、粘贴于墙壁或悬挂于室内，供人们欣赏的手工艺品，如剪纸、木版年画、面塑、彩塑、绢花、彩灯等；实用类乡村手艺是在生活中有使用价值的手工艺品，如陶罐、彩印花布、蓝印花布、木雕、糕点模子、竹编器皿等；宗教和祭祀类乡村手艺有彩塑神佛像、纸扎车马等。

为便于理解，我们依据功能以及存在的环境，简单地将乡村手艺分为生产和生活两大类型。

1. 生产类手艺

生产类手艺是在传统农耕生产活动中产生的，并为农耕生产提供生产工具或者生产服务用品的乡村手工和技艺。例如，制作用于翻土的耒耜和犁具，用于播种的耧犁，用于盛装农作物的木器和篾器等。农业生产工具制作包括很多"工种"，如木匠、铁匠、石匠、篾匠等。

生产类手艺不仅包括生产工具的制造，也包括工具使用和农作物种植、加工技艺等。比如说犁地，制作各类犁地的农具属于技艺的范畴，同时使用这些农具也需要一套技术。无论是驾驭水牛，还是使用黄牛，都有一套在实践中积累的成熟技术，新手是难以胜任的。犁田是技术活，水牛拉犁，人在后边一手扶着犁把，一手摇着鞭子赶牛，嘴里还要吆喝着，控制犁直线行走，不能弯弯曲曲，一趟趟、一圈圈，既不重复也不漏耕，人畜配合默契。茶的栽培、采摘、炒制包含着太多的技艺，是茶文化的重要内容。好茶贵在及时采，采早了香气不足，采迟了香气不够。手工采茶和剪刀剪茶、机械采茶相比，或许算不得什么高深手艺，但高级茶还得依赖手工摘制。

2.生活类手艺

生活类手艺是以满足村民的衣食住行等日常生活需求为基础，为丰富村民生活内容、增加生活情趣以及改善村民生活质量而形成的一系列手工技艺。实用类手工技艺是满足日常生活需要的一些手艺，如地方特色食品制作、服饰、印染、刺绣、陶器、编织、建筑装饰；节日喜庆类手工技艺，是为节日增加喜庆祥和的氛围而产生的技艺类型，多与民间艺术相融合，如木版年画、首饰、剪纸、民间玩具、彩塑、面塑、木雕、糕点模子、风筝、灯彩、皮影、木偶头雕刻、面具等；寄情于物的手工技艺，是以表达感情需要为特征的技艺，如绣花球、刺绣香荷包、刺绣服装和鞋帽等，多作为定情信物或结婚纪念物。

生活类手艺与村民的日常生活息息相关。人们的生活之所以丰富多彩，很大程度上得益于数也数不清的乡村手艺。手织布织造工艺之复杂，产品之精美，能流传至今堪称奇迹。手织布又名老粗布，已有将近千年历史。其织造工艺极为烦琐，从采棉纺线到上机织布经轧花、弹花、纺线、打线、浆染、沌线、落线、经线、刷线、作综、闯杼、掏综、吊机子、栓布、织布、了机等，共72道工序，每道工序均手工完成。篾匠被认为是"最了解竹子的人"，他们都有削竹为丝的本事。要做出高质量的竹编，需要有艺术的想象，富有创意的造型是在动手前就存在匠人头脑中的，更需要两只手的灵巧操作，有时还得用上脚乃至牙齿。随着乡村旅游业的发展，乡村手艺（包括地方特色的美食制作）已成为富有吸引力的地方特色的旅游商品。

作为乡村产业的手艺，首要的意义是满足村民创造物质财富的需要。在传统社会，家庭手艺是家庭收入的重要补充，也是满足家庭生活用品需求的重要来源。今天，乡村手艺与市场经济相结合，已成为很多农民收入的重要来源。安徽省阜阳市阜南县柳编产品工艺精湛，据说具有上千年历史，当地农村流传着"一亩柳，几亩田，抓住柳编赚大钱""家有金条银条，不如常有柳条"等顺口溜。如今能生产的各类柳编工艺品20大系列、上万个品种，产品远销60多个国家和地区，实现年产值近50亿元。柳编为当地农民增加收入4.5亿元，带动15万余人创业、就业。在山东省临沂市的郯城县有一个红花镇，这里出名的是"中国结"工艺产业，这是利用中国传统的结绳文化发展起来的乡村手工文化产业。20世纪90年代末，红花镇农民开始生产中国结。2010年的数据显示，编结农户有4000多家，从业农民7000多人，总产量占全国"中国结"的60%以上。除了柳编、竹编外，手工织布、印染、民族服饰等手工制作，甚至年画、风筝、剪纸、土法制糖等古老手艺，都在新时代获得了新的发展，从民间的手艺变成了产业。

此外，乡村手艺也充分体现了劳动人民尊重自然、适应自然的生存智慧。如就地取材、废物利用和循环利用。手艺人采用当地的资源，使用简单的工具，以手工劳动为主。泥土、石头、麦秸、竹子、柳条、玉米皮等天然材料，都可作为手工制作的原料。乡村手艺本身就是智慧的集成，从构想、创意到具体工艺无不体现着劳动者的智慧。试想：从一棵棵长在地里的麦秆，变成了头上戴的草帽；从蚕吐的丝，发展出了养蚕、缫丝、纺织成绫罗绸缎的产业；从陶土变成瓷器，用竹子加工竹篓，苇子织成苇席。诸如此类，体现的都是人类智慧的结晶。有人认为，没有了手工的探索，人们会逐渐失去创造的源头活水。这话是有一定道理的。

但是，我们看到随乡村消失的还有乡村手艺。在某些地区，"上楼"的农民把祖辈传承下来的织布机送进了展览馆，家庭印染设备被闲置，依托院落而存在的豆腐坊、油坊、酒坊被迫放弃。

（三）乡村服务业

传统乡村的服务业并不发达，村民无论是购买日用品还是出售农产品，大多是要到城镇去的。如今的乡村，服务业有了很大发展，不仅有了诸如乡村超市、电商、家电维修、医疗卫生、农业科技服务、道路与水利设施维护、垃圾收集与回收等面向村民的社区服务，还发展出了农业观光、乡村体验、乡村度假、乡村养老、乡村教育等面向城镇人口的新的服务业态。据统计，2019年，全国休闲农业和乡村旅游接待超32亿人次，营业收入超8500亿元。人们为什么会来到乡村？乡村有哪些特殊资源呢？

首先，乡村有农田。作为人类文明与自然结合的产物，农田显示出不同时期人类与自然的关系，是世界上分布相当广泛的一种特色景观，也是最早的人工景观，被专家称为"第二自然"。艺术家则称农田是"最奢侈的风景"。经过历代劳动人民的改造和改进，农田不仅能够很好地适应不同气候，同时呈现出了独具地域特色、极具审美价值的景观。在东北平原，一望无际的玉米田、大豆田、稻田是最令人心旷神怡的景观。

万亩稻田，风吹稻浪，风景宜人，置身其中，尽享田园牧歌式生活的惬意。在南方，你一定去看过婺源的油菜花，云南的哈尼梯田，所展现的不仅是农田与大自然的和谐美，而且体现着劳动人民与大自然和谐相处的智慧。近些年，各类赏花节受到热捧，除了油菜花、葵花、荷花等花节，还有桃花节、杏花节、梨花节、海棠花节、樱桃花节、苹果花节等，各类花都有了属于自己的节日。乡村的花与城市公园的花有很大不同，城市的花是为了装点城市的风景，乡村的花则是为了秋天的果实。于是，到了收获季节，乡村就有了采摘节。如果仅仅认为农田具有观赏与采摘的功能，农田价值就打了折扣，农田还是体验和教育的重要载体，如农田的利用与保护，作物的栽培与技术等。农田不仅是教授知识、启迪智慧的场地，还可以培养人们的一系列优秀品质，如热爱劳动的品质，珍惜劳动成果的品质，热爱自然的品质以及忍耐力、坚持力等积极的心理品质。

其次，乡村有民居和村落。如果3月去婺源，满眼是花，村村是景，粉墙、黛瓦、马头墙，映衬着粉色的桃花、洁白的梨花，点缀于漫山遍野的油菜花中，花景、村景、山景、水景相映成趣。有人说婺源美景是徽派建筑中独特的人文环境与优美的自然风光完美融合的艺术结晶。如果没有素朴的乡村之美，风景就会打折扣。不仅是徽派建筑，其他风格的建筑也是如此，山西的大院、太行山的石板房、黄土高原的窑洞，都是乡村旅游绝不可少的重要组成部分。有些所谓田园综合体项目之所以失败，有些特色小镇项目之所以失去特色，很重要的原因之一就是排斥了乡村。其实，乡村才是田园的魂，才是乡村旅游可持续的依赖。这不仅在于乡村承载着传统记忆，也在于乡村维系和反映着老百姓的生活。村落里的古朴建筑以及石雕、砖雕、木雕，石头房子顶上晒起火红的辣椒，高大的红枫下金黄的柴垛，池塘里飘着的零星红黄叶片，都会让人心醉。乡村本质是艺术的。当艺术家遇到了乡村，会激发出艺术灵感；当乡村遇到了艺术，则会焕发出新的活力。

四川省农业农村厅的董进智是一位很有情怀的专家型干部，他提出了艺术乡村的概念，认为艺术就存在于乡村的生产生活之中。在生产上，同动植物打交道，乡村呈现出多样性、鲜活性、微妙性、随机性和创造性。在生活上，乡村的恬静、低碳、生活节奏与大自然节拍相吻合，富有诗意，给人以浪漫的体验。在生态上，以山水为底色，贴近自然，亲近自然，融入自然，天人合一。在文化上，淳朴、互助、和谐，带着浓浓的乡愁。乡村艺术化就是挖掘乡村生产与生活的艺术，发现乡村的艺术价值，再按照艺术规律，进行多种形式的艺术再造，形成绘画、雕塑、建筑、书法、电影、摄影、戏剧、音乐、舞蹈、文学等丰富多彩且雅俗共赏的乡土艺术形式，建设各美其美的美丽乡村。

再次，乡村有手工艺。乡村手工艺品是十分有吸引力的旅游商品。因为乡村手工千姿百态、丰富多彩，各个地方都有自己的特色手工艺品；也因为乡村手工艺品凝聚着乡村能工巧匠的劳动智慧，具有较高的艺术欣赏价值和文化意义；更因为乡村手工艺品是乡村文化的载体和重要内容，浓浓的乡土气息具有天然的感染力，是乡愁的具体体现。乡村手工艺的魅力还在于方便游客参与和体验。在"剪纸之乡"，无论男女老少都可在剪纸师傅的辅导下，亲手做一幅剪纸作品，很有成就感。云南省大理市喜洲镇周城村是"扎染之乡",扎染被誉为"白族民俗的活化石"。游客们常聚在老宅子里,学习扎染技艺,他们用土布为自己制作小方巾,用半天时间听课、扎布、染布。当他们做出花色各异的作品时,既开心,又有成就感。

最后,乡村有丰富的文化资源。这里需要指出的是,文化是乡村旅游、休闲最富生命力的要素。一些乡村旅游项目之所以失败,就是因为没有重视乡村文化的挖掘和利用。有些号称"文化"的项目,其实没有任何文化可言。真正的乡村文化,不是拉一群人表演——民俗是表演不出来的;也不是搞一堆建筑——那是死的东西。真正的乡村文化存在于老百姓的生活之中。他们的生活理念、价值观、对待自然的态度、为人

贵州省黎平县九潮镇大榕村新寨瑶寨的瑶家人打造背篓产业品牌

处世的方式等，就体现在他们的衣食住行、节日时令、庆典礼仪和日常交往中。人们常说，乡村振兴要发展融合产业，但是融合什么、在哪里融合却十分模糊。很多做法貌似融合了，实际上与融合没有任何关系。乡村产业的融合，是乡村天时地利人和在产业方面的具体表现。农业和乡村的融合，具体表现在三个方面：一是农业生产与乡村文化的融合，如乡村景观、田园风光；二是农业生产与手工艺的融合，如糯稻与米酒、黍子与笤帚、柳条与柳编等；三是农业与农家生活的融合，做农事、吃农家饭、住农家屋、体验农家风土人情。有人提出，文化、农业与旅游融合，其实就是乡村与农业的融合，形成区别于城市旅游的乡村旅游吸引力。无论是特色农业，还是产业链延伸，或是农业与乡村功能的扩展，乡村都占据十分重要的地位。

二、乡村产业与乡村形态、结构的关系

如前所述，村落原本是为方便农业生产而产生的。为了农业生产，乡村衍生出一系列适应和方便生产的空间形态，形成了乡村形态和乡村肌理。有利于农业生产是古人选择居住地的首要因素，生活方便是第二位的，当然，最为理想的村落是既方便生产又方便生活居住。但由于耕地的有限性，选择往往受到限制。当二者只能择其一时，人们为了生存就把生产放在第一位。这就是为什么在一些交通闭塞、靠天吃饭的地方依然有人居住，因为那里有可以供他们生存的耕地。

传统村落能够长期存在，不仅在于村落空间布局与自然环境关系上

的巧妙构思，以及与自然要素巧妙融合，还在于传统村落在漫长的形成过程中，发展出一系列适应和方便农业生产的功能。

（一）村落的近地原则

在东北的农村有句谚语，叫"丑妻近地家中宝"。为什么"近地"是家中宝？因为"近地"给生产带来方便。人们去地里劳作可以节省时间成本，往地里运送粪肥，往家里收获农产品，由于地离家近，会节约很多运输成本。除此之外，近地原则还为农民生活提供了方便。自给自足的农户，种地是为了满足生活需要，"桌上无食地里取"，农民的食材不依靠市场购买，而是靠种地产出。有时到了做饭的时候，他们才考虑到地里采些什么菜。因此，住的地方靠近耕地也有方便生活的考虑。近地就地的农业活动甚至逐渐成为村民生活的一部分，将生产与生活融为一体。农民有自己的菜园，在院落里养鸡种菜，既是生产，也是生活的一部分。

无论是乡村最初的产生，还是后来的不断发展和完善，"近地"都是农民建设村落始终遵循的原则。农业生产过程中，无论是种植还是养殖，时时刻刻需要农民的精心照料和应对各类突发的灾害。远离土地的农民是难以做到这一点的。农民一天能走的路程是有限的，因此，村落周边日间步行可达的可用于耕地的面积，是限制村落规模的因素。最理想的农田是平原沃野千里，农民劳作的农田半径大，耕种难度相对较小，还方便利用牛马作运输工具。在山地上开梯田的农户，因为交通不便和梯田狭窄等因素，耕作难度高，是不能用牛犁田的，只能用人力耦耕，限制了耕作效率，因此村落的规模都不大。当本地农业产量无法满足需求时,就会有一部分人迁出村子并另建新村,旧村由此达到一个相对稳定的状态。

依山傍田的村落

如果违背村落的"近地原则",会出现什么情景呢?一些地方崇尚城镇的集中居住模式,搞合村并镇运动,把几个村甚至十几个村迁并到一起形成中心村,或者直接迁入小城镇,美其名曰"一步到位"实现城镇化,实际上留下了诸多隐患。最显著的影响是住宅远离耕地,耕种极其不便,耕地被迫抛荒。前几年,有些地方要求农民把不方便耕作的土地流转给工商资本或者种植大户的现象,认为这就是实现了规模化和现代化。其结果,由于排斥了农民从事农业的主体地位,农业生产不可持续,产生了大量规模化荒地。这些地方反过来又责怪农民不愿意种地。实际上，不是农民不愿意种地，是错误的乡村建设思路致使农民无法继续耕种土地，只能任其荒芜。

（二）院落的重要性

农家院落是构成乡村肌理或乡村形态的基本空间单位。中国乡村的院落，在中国政治、经济、社会、文化诸多方面具有十分特殊的地位。简单地说，乡村院落奠定了中国社会的基本结构，即家庭与家族；乡村院落形成了特殊的经济类型，承载着千年传统文化。我们说中华文明五千年源远流长不曾中断，院落的存在是其重要原因。这里，我们从以下三个方面考察院落与农业生产的关系。

首先，农家院落是重要的生产空间。乡村是由一个个院落构成的，院落既是生活空间，也是生产空间。小孩子都知道"房前屋后，种瓜种豆"的歌谣，村民在院里可做的事情很多，不仅种植瓜果蔬菜，饲养家禽家畜，同时还可以从事家庭手工制作，如织席、编筐、酿造、食品制作等。由于耕地资源的短缺，充分利用院落是农村居民生产经营的重要内容。据统计，我国农村院落占地约1亿亩，一个农户可进行农业生产的院落面积占到整个院落面积的1/3~1/2，这部分土地是生产空间。房前屋后栽培些花草树木、时令蔬菜，有效利用了土地，也美化了居住环境，是不可忽视的农业生产资源，甚至发展出来一种庭院经济。专家把庭院经济界定为——利用自己院落的空间资源和闲散劳动力资源，使用就近可得的肥水资源，在院落房前屋后的空地上，进行的种植、养殖、手工业和服务业的统称。庭院经济尽管在空间范围上是有限的，但在时间利用上呈现出灵活性和时效性，将种植、养殖、手工、土地、房舍、劳动力和时间资源综合利用到了极致。庭院经济的内容十分丰富，一切村落可利用的自然资源和非自然资源都可以在庭院经济发展中找到位置，是乡村产业兴旺的重要内容，也是丰富农民生活的重要方面。特别是近几年，乡村休闲、旅游和农家乐又时兴起来，为丰富和发展庭院经济注入了新的活力。

失去院落，农民的生计会受到极大的影响。一个已经"上楼"的农民向我讲述了失去农家院落前后的生活状况。"上楼"以前，他家里有2.8亩宅基地，除了三间正房外，盖了一座鸡舍，存栏5000多只鸡，种了近一亩的蔬菜，老两口经营，每年有四五万元收入。"上楼"后，连个放锄头的地方都没有，地不能种了，养殖条件也没有了，他已经60多岁，只能在附近打打短工，老伴在家里闲着。一个小康户由此变成了一个需要政府照顾的低收入户。当我们了解了农家院落的经济功能后，就不会简单地将农民的宅基地界定为纯粹的建设用地，试图通过占补平衡获取农民宅基地的建设用地指标。显然，这样的占补平衡是不平衡的，结果是减少了农业生产空间，破坏了农业生产条件，威胁到国家农业安全。这一点已经引起重视。

其次，农家院落具有自给自足功能。有些地区，乡村院落生产可能不具备致富功能，但一定具有某种程度的自给自足功能。作为村落的一个"微型生产空间"，院落尽管面积不大，却可在一定程度上满足农户的自身需求，也给人们的生活带来乐趣。人们常用"小而全"戏谑传统农户生产，实际上"小而全"某种程度上更符合乡村生产与生活的特点，为农户的多样化需求提供了可能。

最后,农家院落具有储存功能。农业生产是一项连续不断的活动,作物从种到收,再到储存,需要辛勤的劳作,也需要一定的空间作保障。作物经过顺利生长、如期成熟、安全收获之后,还要经过去壳、晒干、脱皮、分拣等,才能成为产品。农民并不是将收获后的所有产品立即卖掉,而是要保留一部分满足自己家庭的长年需求,这些产品的存放就需要足够的空间。除了存放粮食,农民还要储存腊肉、酸菜、咸菜、水果、干果等。农民常常把当年吃不完的蔬菜或水果晒成干,储存起来留作冬

具有储存功能的农家院落

天和来年春天食用，如柿子饼、葫芦条、红薯干、干豆角、干白菜等，有的还加工成醋、酒、酱、油等。有些院落里至今还保存着地窖，用来储存白菜、萝卜、红薯、土豆之类的农产品。此外，农户在农业生产中需要借助各种各样的农业工具和农业机械，这些工具和机械也需要空间存放。农家院落正是为满足这一需要而存在的。

（三）资源利用的综合化

农民生产与生活决定了村落的结构，村落结构一旦形成又反过来影响农业生产和农民生活。正是由于村落的存在，耕地才得到了改善，土地才得以合理利用，也由于村落的存在，农民才能世代积累耕作知识和经验。

首先，村落的存在有利于耕地利用多样化。在乡村行走，会看到五颜六色的农田，那是农民在不同地块上种植了不同作物所形成的景观，是农民需求的多样性和耕地类型多样化所共同决定的综合利用耕地的一种形式。与美洲、非洲不同，中国绝大多数村落建在地形复杂的丘陵和山地上，受到地形、土壤特质、与村落距离等因素的影响，多样化利用对提高土地的利用率、促进耕地资源的优化配置、缓解用地紧张等具有重要的现实意义。耕地利用差异化与多样化不能简单地用经济价值去衡量，它们往往关系到较为深层次的意义，如耕地生态的平衡、农民生计的持续和社会秩序的稳定等。

传统农业虽然也将粮食的高产和优质作为主要目标，但生产粮食不是农业生产的唯一目的。北方农村有句谚语："吃的烧的，都得顾到。"换言之，传统农业的概念、产量和今天不尽相同，农民在进行农业生产时，把满足自身包括温饱在内的各种需要当作目标。因此，作物的产量，不仅仅是粮食本身，而在于所有能满足村民需要的各部分的总和①。在这种产量观的支配下，农民往往需要种植多种农作物。即使北方乡村不像南方那样具备多种种植的气候环境，但种植内容也尽可能丰富，如粮食作物就有高粱、小麦、大豆、绿豆、谷子、玉米等，经常是一块地里种好几样，玉米地里套种大豆，或与谷子套种，地头上有点儿空地还要种几棵高粱。农民懂得多样化种植的好处，病虫害发生得少，作物很少得病；充分利用地利，分散自然风险；人吃五谷杂粮，对身体好；自家吃，也用来饲养家禽家畜。家家户户都会养一些鸡、鸭、猪、羊，有的还养驴、马、牛等大牲畜，玉米秸秆、豆秸秆、谷秸秆是很好的喂牲口的草料，玉米和谷子拌在一起喂鸡，谷糠、高粱等粉碎做猪饲料。对农民来说，只要是地里长出来的就都是有用的东西。

其次，村落有助于耕地利用的精细化。到过乡村的人都会深刻体会到，农民对土地的利用可以到无以复加的程度。人们常用"见缝插针"形容乡村的土地利用。由于村落的存在，不仅房前屋后和农民的院落成为农业生产的重要空间，而且村落的道路两旁也被农民密密麻麻地种满了庄稼和蔬菜。从一个农户家到另外一个农户家，往往要小心翼翼地拨开道路两边已经交叉在一起的玉米叶子，低头、缩身才不会被玉米叶子划伤。村落里的农民就是这样利用土地的。

村落的存在，使中国在有限的耕地上养活了众多的人口，并创造了

---

① 曾雄生：《亚洲农业的过去、现在与未来》，中国农业出版社，2010，第313页。

地力长久不衰的奇迹，其根源之一在于村落保存并延续了一套精耕细作的技术体系。常见的有间作、套种、轮作、连作等种植制度。精耕细作还包括了耕作过程的精细操作，耕地、耙地、轧地，底肥、追肥，插秧、灌溉、除草等一系列耕作环节，无不包含着精耕细作的理念和技术。正是由于村落的存在，为精耕细作提供了可能，也为精耕细作技术提供了经验交流和技术传播的空间。

村落中"见缝插针"的种植

（四）抵御农业的风险

人类从诞生那一刻就从未远离过风险。不管是在落后的原始社会还是发达的现代社会，人类始终生存在风险里。农业是一个风险性较高的产业，所面临的既有自然的风险，也有人为制造出来的风险。

自然灾害是农业生产面临的主要风险。人们常常说农业具有弱质性特征，是因为农业生产在很大程度上"靠天吃饭"，这增加了农业生产的不稳定性和脆弱性。就农业生产而言，自然条件的变化常常难以预料，导致灾害发生。绝对的风调雨顺是不存在的。随着全球气候的不稳定状况加剧，频发的洪涝、干旱、低温、沙尘暴等自然灾害使我国农业面临的自然风险不断加大。特别是洪涝、干旱对农业生产造成的危害表现十分突出。

村落的存在使人们有条件了解每个地块的性质，实现因土种植，即在不同性质的土壤上种植不同的作物。在不对自然环境进行千篇一律的改造的前提下，因土种植克服了土地细碎化给农业生产带来的负面影响，也保护了生态环境。每种作物及其品种的抗逆性都是不同的，因土种植可以避免或减少自然灾害，是农民在长期的传统农业实践中得到的宝贵的防灾知识和经验，是发展农业的重要财富。

村落的存在，为农业的防灾减灾提供了方便。每当降雨后，农民跑到地里查看水渠是否打开，庄稼是否被淹；刮风后，农民会及时赶到田地里把倒伏的庄稼扶起来，以减少经济损失。当然，还要预防病虫害的发生，防止野生动物对庄稼的损害。如村民为了防止麻雀啄食快成熟的谷子，采取扎稻草人、吊铁桶风铃、插"白旗"等措施，更有农民在地里叫喊，以驱逐麻雀。每到水稻成熟时，一些稻田会遭遇"猪害"，无奈的农民靠扯"白墙"、围铁丝等手段防范野猪侵害，有的农户甚至从夜晚10时许到第二天凌晨4时采用不定时燃放爆竹、睡地头等方式与野猪抗争，保护胜利果实。

村落的存在为农民应对农业灾害提供了空间距离优势。农业自然灾害的发生常常是局部的、偶然的，很难预测。当自然灾害发生时，近地而建的村落满足了农民应对农业灾害风险的要求，使农民能够及时赶到田间地头实施防灾减灾措施。村落也为抵御自然风险提供了集体协作优势。地缘和血缘维持着人与人之间紧密的关系，这里有亲密的亲属关系，也有密切的邻里关系。一人有困难，大家支援，是传统。当村落共同面对农业自然灾害时，村落邻里间互助，农户之间的协作，可以有效弥补单个农户应对灾害的不足。

除此之外，村落的存在也是农耕经验积累的重要条件。一个农民选择好某一块耕地，意味着就要在这块耕地上从春季的耕种忙碌到秋天的收割，这期间农民不仅辛勤劳作、悉心照料农田，还要通过不断观察、试验，总结出适合当地的耕作方法。这些经验与方法在村落中被不断传播、使用、丰富和完善，并有效地保存在村落中。村落特定的空间结构和社会结构为农民之间交流和分享农业生产的新发现、新发明提供了便利。这些地方性知识常常由前辈传给后辈，由自家传到他家，最终形成一套较完整的耕作知识体系，用以指导村落全体成员的农耕。从农业历史的角度来看，一个地域，农民的生产和生活方式在年岁循环的耕作过程中逐渐形成，并在这个地域的村落中被世世代代的农民延续。由此，地域性的农耕文化和传统借助村落这个载体便稳定了下来，其中大部分的村落文化依然被今天生活在村落里的农民所知悉并遵循。

以上是我们对乡村与农业生产关系的一些认识。有人会说，如今科技发达了，没有传统乡村也可以发展现代农业。事实上，只要农业特点不变，乡村与农业的关系就不会发生变化。我们可以从有些传统村落消失所引起的消极后果略见一斑。当村落消失，耕地失去了村落的庇护，会变得越来越贫瘠；当农民远离耕地，力不能及，会导致土地荒芜；当村落消失，农民不能养猪养鸡，会失去生计来源。随乡村消失的还有庭院经济和乡村手艺。

传统村落消失的不仅是乡村性，还有农民的主体性。对农业最深层次的伤害，是从根基上动摇农民从事农业的主体地位，把农民硬生生地从土地上剥离出来，由农业的主人变成农业的看客。

弱化农民主体地位的做法通常有两种。一种做法是消灭村落，让农民集中"上楼"，失去经营农业和乡村手艺的空间条件——没有了庭院种植和家庭养殖的院落，没有了存放农具和储存农产品的空间。然后动员农民把土地流转给公司或种植大户，把农民变成既收地租又挣工资的工人。从此，农民与土地分离，成为农业生产的旁观者。另一种做法是要农民以土地入股，把农民变成股东，从此不用操心农业生产和土地利用，可以安心外出打工，等着年底"分红"。两种做法本质上是一样的，都是无视乡村价值，忽视乡村与农业的关系，隔断了农业与乡村的联系，弱化了农民主体地位。

第三章

生态文明的模板

2019年4月28日,国家主席习近平出席中国北京世界园艺博览会开幕式,并发表题为《共谋绿色生活,共建美丽家园》的讲话。他指出:"我们应该追求人与自然和谐","无序开发、粗暴掠夺,人类定会遭到大自然的无情报复;合理利用、友好保护,人类必将获得大自然的慷慨回报","我们应该追求热爱自然情怀","'取之有度,用之有节',是生态文明的真谛。我们要倡导简约适度、绿色低碳的生活方式,拒绝奢华和浪费,形成文明健康的生活风尚。要倡导环保意识、生态意识,构建全社会共同参与的环境治理体系,让生态环保思想成为社会生活中的主流文化。要倡导尊重自然、爱护自然的绿色价值观念,让天蓝地绿水清深入人心,形成深刻的人文情怀"。在生态文明建设方面,中国乡村无疑可以对世界贡献中国智慧。党的十八大把生态文明建设放在突出地位,融入经济建设、政治建设、文化建设、社会建设各方面和全过程。生态文明是关系人民福祉、关乎民族未来的长远大计,但是,直至今日,很多人依然不理解生态文明的内涵,或简单地把生态文明等同于生态建设。生态文明作为人们长期与自然相处过程中的尊重自然、敬畏自然和合理利用自然的精神信仰,体现在人们的生产、生活、文化活动的方方面面。乡村是生态文明的宝库,携带着生态文明的密码和基因,给人们提供了理解生态文明的理想模板。

一、天人合一的生存理念

老子说:"人法地,地法天,天法道,道法自然。"自然是个大天地,人则是一个小天地,人和自然在本质上是相通的,故一切人事均应顺乎自然规律,达到人与自然和谐。天人合一的理念,不仅体现在人与自然的关系上,也体现在人与人、人与物、物与物的完美契合上。

(一)就地取材

就地取材是天人合一理念在乡村建筑、产业构成和乡村生活方式等方面的具体体现。其内容就是充分利用当地资源,满足当地居民生产与生活的需要。

　　村落坐落于自然环境中，拥有丰富的水、泥沙、石材、石灰、木材等自然资源，只要农民付出一定的劳动，即可直接获得。这些当地的建筑材料，与当地特殊地形、地貌、土壤、气候、物产等因素共同构成了各具特色的民居。在平原，村落因为缺乏石材，多为土坯房；在太行山区，当地村民就地取材，建造了石头屋和石板房；在黄土高原，利用黄土直立不塌的性质，依山就势开凿出来拱顶的窑洞，具有冬暖夏凉的优点；长白山林区利用天然的木材资源优势建造的传统民居——"木克楞房"；傣家的标志民居竹楼……体现了民居建筑就地取材这一特点。由于所处的环境不同，传统村落组成的要素不同，所以在各地分布着各式各样的民居，呈现出千姿百态的特色村落。就地取材的好处还在于取之于自然，还之于自然，不构成建筑垃圾的污染。这一传统不仅使得农民减少了建造成本，也造就了与环境协调的各色民居。同时，农民为了延续

就地取材的民居建筑

世代生活和子孙生计需求，懂得不过度使用这些资源，合理利用和保护自然，并潜移默化到日常生活中。

就地取材还表现在乡村产业构成和生活方式上。多样化种植与养殖、特色农业的形成等，都是天时地利人和在产业上的具体体现。乡村手工业通常也是就地取材，体现废物利用和循环利用的理念。

（二）顺应自然

人们讲的顺应自然，其实就是尊重自然规律，按照规律办事。比如，村落的房屋多是建在地势较为开阔的地方，为了充分采光，房屋大多是坐北朝南的。农民自家的农家院是露天的，夏天可以乘凉，冬天可以晒暖，一年四季的变化在农户庭院充分体现。农户庭院的露天格局也是为了满足种植或养殖对光照、水分等自然条件的需求。因此，村落庭院的这种布局特点就决定了农民的生活和生产以尊重和顺应自然规律为前提。除此以外，农民还常说盖房应当接地气，房子才能住得舒坦。农民所言的"接地气"实质上有两层意思：一是要符合当地的自然特点，特别是气候和地势，如位于山区村落的房屋顺山而建，更有利于采光和通风透气；二是要符合乡村生活特点，如有个农家院用来养鸡鸭鹅，养猪牛羊，房前能有小块闲地，种些蔬菜，房屋近村挨户，可以与左邻右舍闲话家常。

尽管传统村落里的自然观是朴素的，但是十分有用。特别是风水观念深刻地影响着农民的日常生活，所折射的是农民长期对自然的细致观察、日常生活的体验，以及由此而产生的有关住宅、村落等居住环境的地址选择和规划设计的理念与方法，表达着对村落中人与自然、人与社会之间的关系的认识和理解。如民宅的选址，重视"藏风聚气"，讲究"负阴抱阳"。很早人们就知道了北、西北、西和西南等方向的风均是寒冷之风，很容易将"生气"吹散，对人体造成伤害。因此，人们就需要对这些方向的风进行抵挡。此外，为了"聚气"，还必须考虑"得水"，在风水中强调"得水为上"的思想，水的引入可以调节小气候，以形成"气"。水也被看作财富的源泉，水不但与人们的生存环境之间有着密切的关系，而且与人们的健康息息相关。风水所关注的水质的好坏常常指的就是"生气"的好坏。① 从农村家庭人居环境的角度来看，一块风水宝地往往就是他们居住、耕作和休养生息的重要场所，影响农民的生活质量。

除了"藏风聚气"，"负阴抱阳"也是村落在选址中要考虑的风水观念。中国传统观念中，山之南水之北为阳。"负阴抱阳"要求基址坐北朝南，背后有山作为屏障。坐北朝南的基址朝向，不仅与我国所处北半球的地理位置有关，而且也受到传统文化的影响，在《易经》中就有"圣人南面而听天下，向明而治"的表述，正南正北体现了权力和威严。皖南山区地形复杂多变，完全以坐北朝南埋念来体现"负阴抱阳"不太现实，于是就有了用背山面水替代"负阴抱阳"风水理念的方式。

风水观念除了表达人们对自然环境的认识，也包含着人们对社会环境的认识。从村落的形成过程来看，防御入侵是村落建设的重要目的。因为在漫长的古代社会中，战乱不断，盗匪猖獗，防御成为十分重要的

---

① 王三北、韦宝畏：《从风水的视角看古代人居环境的选择》，《西北师范大学学报（自然科学版）》2005年第2期。

因素。防御的需要使得村落格局表现出强烈的聚合性。最外围是村落的边界，常以一些建筑标志或丛林、溪流划分，称为水口。经过一段平缓的过渡空间，到达村口。村口空间较为开阔，通常布置一些高大明显的建筑物，如祠堂、庙宇、书院、牌坊等，作为入村的提示。进入村庄，建筑鳞次栉比排列在街道两旁，通向村落的中央。在一些商业发达、规模较大的村镇，主要街道两旁布置有店铺，成为商业街。村落的中心一般有井台和较为宽阔的广场，以及庙宇、宗祠等具有一定象征意义的场所或建筑，这也是村民的公共空间。村民的住宅由此中心向周围展开，以狭窄的街巷相连。整个村落向内聚合，有强烈的向心性。这种典型的格局是村落的最简单形态。在现实中，村落的生长受到了多方面的影响，从不同的中心向外展开，形成多中心的复合体。在江南地区，还有一些临水的村庄，建筑沿河道展开，背水面街成"一"字形，整个村庄以水的形态为依据，成为极富特色的江南水乡。不管哪种形态，聚合性和向心性是中国村落的主要特征。青山为屏，绿水环绕，中国人更愿意在这样的封闭环境中过着男耕女织的田园生活。

今天的乡村建筑由于广泛使用钢筋水泥等新型建筑材料，乡土特色和顺应自然的风貌在减少。千篇一律的建筑风格代替了丰富多彩的民族建筑风格。有些地方的农民失去了农家院的乡村生活，住进了城市人居住的现代居民楼。在京郊的一个"上楼"村，我们对农民"上楼"后生活状况做了调查，农民对"上楼"后有现代化的厕所、集中的供暖、全天候的自来水等感到十分满意。但是，他们也同时向我们抱怨，住楼房让他们感到无所适从。"房子不接地气，不如农家院舒适"，"太闷人，同囚犯的牢房并无两样"。每天在房子里无所事事，邻里之间的关系同以前村里那种亲密的熟人社会相去甚远，而终日房门紧锁以防被小偷"光顾"的惴惴不安的心情同当初那种"夜不闭户，路不拾遗"的淳朴民风之间已经南辕北辙了。

（三）因地种植

天人合一理念在农业生产上也得到充分体现。农民常常讲，种地要"不违农时"，还要"因地种植"，这实质上都是农民对天、地、人关系的朴素认识和理解。"天"在农业生产中主要包括光照、热量、水分、空气等多种自然气候因素，它们随着季节的变化而呈现出不同的状态，其特征以"时"来喻示。这便构成了农业生产中重要的节气、农时等概念。"不违农时"正是强调了农民的农业劳动需与生物节律以及自然气候的变化相吻合。"地"则指的是地理位置、地形地貌、土壤特性、土壤肥力等要素的综合，这些要素对农作物的生长起着非常关键的作用。"因地种植"就是强调农民应当根据不同的地势地形和土壤条件合理安排农作物的种植。此外，农民还特别注意对土地肥力的保持，休耕、间作以及轮作等一系列乡土农技在村落的农业生产中被生动实践和传承。"人"则以农业生产的主体身份出现，农业生产的整个过程其实就是农民通过劳动去协调土地与自然环境关系，农业生态是否能够得以良性运行在很大程度上受制于农民的思想观念。农民在农业生产中认识和利用天时、地利的同时，还特别强调"物性之宜"，即针对"物性"的特点来协调农作物与环境之间的关系。"物"在农业中具体指各种农业生物有机体，种植何种作物，养殖哪种动物，在什么时候种植什么样的作物，都要符合当地具体的气候条件和自然资源状况。这样一来，在劳动过程中，农民把所持的天人合一理念通过对天、地、人、物的分别审视，勾勒出了一个清晰的轮廓。天人合一的生态理念也成了传统农业几千年来长盛不衰的思想基础。

其实，人们说的特色农业，正是天时地利人和在农业类型上的具体表现。首先，特色农业是在特定气候和地理环境下，凭借独特资源条件形成的独特产品。不可替代和复制是其重要特征之一。其次，其特定的生产方式，包含着丰富的地方经验，融入了特殊的信仰和诸多禁忌，使农产品带有一层神秘感。由于气候和地理环境的多样性，各地都涌现出各具特色的农业产业类型。到了山东，人们挂在嘴上的农产品品牌，有烟台苹果、莱阳梨、章丘大葱、潍坊萝卜。到了河北，人们会津津乐道地介绍沧州金丝小枣、赵州雪花梨、迁西板栗、深州蜜桃等。任何一个地方都会有值得当地人骄傲的特色农产品，这些特色农产品的原产地往往就在一个乡村的狭小地域。从这个意义上说，每个乡村都有其特色产业。在中国，著名的桃米村就是一个典型案例。1999年，台湾地区发生"9·21"大地震后要重建乡村，来了两个志愿者帮助村民重建家园。面对桃米村传统产业没落、劳动力流失严重等困境，他们首先要确立村落的产业支撑，于是就与百姓座谈，调查村里有什么特色产业。老百姓说，没有特色，其中一个谈到，这里除了青蛙叫，啥都没有。说者无意，听者有心，于是就请专家调查和整理该村的青蛙资源。结果发现，该村青蛙不仅数量巨大，而且种类繁多，于是就开始打造青蛙产业和发展青蛙文化。如今桃米村成为远近闻名的"青蛙王国",依托青蛙文化发展起来的观光休闲产业,年收入超过1亿元新台币。这是桃米村过往任何一项传统产业无法比拟的。

特色农业与乡村关系密切。可以说正是乡村的存在,使得村民熟悉了乡村周边自然环境、耕地特性与农业类型的关系,形成了具有地域特点的地方知识和传统技艺。农业地理标志产品或地域品牌大多是以传统村落为载体的,如西湖龙井茶与被誉为"茶乡第一村"的龙井村不可分割;青田县稻鱼共生系统作为农业文化的代表,其核心保护地为山水奇秀的方山乡龙现村。由于农业产品品质受小气候影响,因此具有很强的地域性。有时特殊品质的农产品只表现在很狭小的地理环境中,换个地方就长不出来。没有长期的近距离观察、体验、比较是难以发现的。这种长期的观察体验,就依赖于村落的存在。北京房山区的一个小山村,那里自古以来出产磨盘柿。由于磨盘柿具有多汁的特殊品质,该村被誉为"中华磨盘柿第一村",真正具有典型特色品质的百年老柿树就集中在小山村的某片山前。但是,只要离开这个小山村,柿子的品质就发生了变化。

人们越来越远离自然的今天,在村落里却可以观察到人类的生产与自然之间那种和谐共存的画面。从农业劳动中我们发现,作为农业劳动者,农民以"园丁者的姿态而并非统治者的姿态",顺应自然、照顾自然。在日常的劳作过程当中,农民所遵循的基本规则从来都是围绕着"天时""地利""人和""物宜"这四点开展的,天、地、人、物协调统一的发展观自始至终贯穿于村落传统农业的主导思想中。

二、循环利用的文化传统

循环利用是中国传统农业文化的核心内容之一。农业生产中的秸秆还田、种植业与养殖业之间的有机循环,乡村生产与生活之间的能量循环,实现了资源利用的最大化。在传统乡村,本没有垃圾概念。记得小时候生活在乡村,从书本上看到小孩子捡垃圾的故事,很好奇,问老师什么是垃圾。老师说,乡村没有垃圾,垃圾是城市人产生的东西。直到进了城市才明白,那些被城市人称为垃圾的东西,在乡村都是宝。农民在地里生产出的所有产出物都可以得到充分有效的利用:粮食人吃,加工粮食产生的谷皮、米糠、残渣以及生活上产生的今天被称为厨余垃圾的剩菜、剩饭,都是上好的家禽家畜饲料。人畜的排泄物作为有机肥又回到田间。"中国人的耕地越种越肥"是令外国人很惊奇的事情。其实,这正是得益于循环利用的农业文化传统。

(一)乡村是循环利用的节点

乡村的存在为循环利用提供了基本条件,也就是说,循环利用在乡村是最便捷和最容易实现的。这是乡村的特点所决定的。

首先,乡村具有多样化的生产。如前所述,乡村不仅有多样化的种植业和养殖业,还有手工业,这样就为循环利用提供了条件,特别是乡村种植业与养殖业的结合,为实现能量循环创造了条件。以秸秆利用为例,传统乡村秸秆的利用有三个方向:一是通过沤肥把作物秸秆、杂草等变成有机肥；二是作为燃料，为农户取暖、做饭提供能源，燃烧后的草木灰作为有机肥；三是作为家禽家畜的饲料。由于农业"废弃物"种类不同，于是农民就养了不同的家禽家畜加以充分利用。如养的鸡可以消除残渣剩饭，养的兔子可以吃萝卜白菜的菜叶，养的牛羊可以消耗不同作物的秸秆，家禽家畜的排泄物再作为有机肥，实现有机循环。以秸秆为纽带的农业循环模式还有很多种，如围绕秸秆饲料、燃料、基料的综合利用，构建"秸秆—基料—食用菌""秸秆—成型—燃料""秸秆—青贮饲料—养殖业"等产业模式。再比如，乡村沼气综合利用，将人畜排泄物、农作物秸秆、杂草、枯枝落叶、厨余垃圾、生活污水等作为沼气基料处理，产生的沼气作为燃料，沼液、沼渣作为有机肥，推行"猪—沼—果"等循环模式，形成上联养殖业、下联种植业的生态循环农业。此外，还有各种类型的庭院循环农业、立体农业等。除了农业生产，还有丰富的乡村手工业，农民以农业"废弃物"为原料，生产日常用品或制作工艺品，实现循环利用。农民用玉米皮做成蒲墩，用高粱秸秆做成盖帘，诸如此类，不一而足。与传统手工业结合的循环利用还表现在食品制作上。我们参观过豆腐加工与养猪结合的农户，他们把豆类加工成豆腐，剩下的豆渣、粉渣用作养猪的饲料，猪粪再进沼气池，沼渣、沼液作为肥料，用于种菜，实现了种植、养殖与加工业的循环利用。

其次，乡村具备封闭循环的空间条件。自从农药、化肥等化学物质进入生物圈以后，导致环境污染并引起社会对农产品安全的担忧，人们开始探讨如何在现有条件下实现新的有机循环，生产绿色、有机农产品。其中，就想到了农业的有机循环。如把乡村的垃圾收集起来生产有机肥，既利用了垃圾，又可以销售有机肥获得经济收入。结果事与愿违，收集的垃圾的分类问题难以解决，生产的有机肥质量堪忧，不要说去销售，免费送给农民都会遭到抵制。原因在于人们对这种方式生产的有机肥的安全性抱有疑虑。

在北京郊区，我们调查了一个村庄的循环利用情况。受城市化影响，他们试图通过垃圾回收实现有机循环，但是这种做法遇到了很多问题。首先是垃圾分类问题，现代生活垃圾比传统生活垃圾要复杂得多，许多有毒物质、不可降解的物质混在垃圾里，使垃圾的再利用非常困难。因此，如何把各类垃圾分开是个复杂的问题。尽管农户门前都有垃圾分类桶，但是把垃圾放在哪个桶里，既需要垃圾分类知识，也需要高度的责任心。有些责任心较差的农户，往往图省事，把所有垃圾混在一起倒入垃圾桶，村里还要派人进行第二次分拣。分拣的专职人员穿着胶鞋，在垃圾池边走来走去，努力捡出那些不可降解的垃圾。令他头疼的是，很难把有害物质全部找出来，即使付出了艰苦的努力，也难免出现"一粒老鼠屎坏了一锅粥"的结果。因此，大部分农户都不敢使用回收垃圾造出来的"有机肥"。其次是循环不完全的问题。即使这样一个不完整的循环，要维持它仍需要较高的成本。这种做法最大的弊端，是把本来紧密相连不可分割的农民生活与农业生产系统分割开来，形成了两个相对独立的运行系统。农民生活中的吃、喝、拉、撒，以及住房、取暖等，与农业生产的产前、产中、产后分离开来，互不相干，最终导致传统有机循环链条的断裂。

实际上，农业的循环利用只有在乡村的环境下循环才是可靠的。人们要食用安全的农产品，要吃放心的肉蛋奶——使用自己生产的有机肥，封闭的循环就保证了进入这个循环的物质的可靠性。没有一个人会把有害的污染土壤的废弃物扔到自家要使用的有机肥里。乡村的空间结构，特别是农家院落的存在，为循环利用提供了独特的空间条件。由于有乡村的存在，农业的目的就不仅仅局限于提供粮食。传统农业的产量概念和今天不尽相同，农民在进行农业生产时，把满足自身包括温饱在内的各种需要当作目标。如要考虑人吃的、烧的、用的、住的，同时，还要考虑家禽家畜的饲料等。这种生产观，使收获物的各个部分都得到利用，这是传统农业中保持生物多样性和可持续利用的根源。这种生产观，只有在乡村环境下才能实现。当村落被消灭以后，没有了家庭养殖业，没有了家庭手工业，农业资源的综合利用，特别是循环利用就受到极大限制。

农家院落的房前屋后利于养殖和种植

（二）农民是乡村环境治理的主体

乡村环境整治是乡村振兴最容易取得明显成效的工作，可能正因如此，很多地方的乡村振兴工作从整治环境开始。由于受城市思维的影响，人们习惯用城市的方法治理乡村环境问题。比如提出了垃圾处理的方法，村收集、镇运输、县处理。问题是，垃圾运输到县城后如何处理？最后只能填埋。把宝贵的资源变成了废物。这是因为城市垃圾处理是当前的世界难题。在我居住的小区里，住户大都是受过高等教育的知识分子，维护环境整洁、支持垃圾分类的意愿是比较积极的。最初看到物业部门在每栋楼房前放了三个垃圾桶，第一个桶上标注着"可利用垃圾"，如菜叶、瓜果皮、厨余垃圾等；第二个桶上标注着"可回收垃圾"，如废纸、废塑料、废玻璃、废金属等；第三个桶上标注着"有害垃圾"，包括电池、荧光灯管等。一开始，人们自觉地按照自己的理解认真地把不同种类的垃圾放在不同的垃圾桶里。然而，大家发现，运送垃圾的车来了，工人把所有垃圾都装到了一个垃圾车厢里，运走填埋了。后来，为了减少工人装垃圾的麻烦，两个桶就闲置了，工人把各种垃圾集中扔在一个桶里了。这就是城市处理垃圾的办法。2019年，上海率先实行强制垃圾分类，很多人感到难以适应。城市垃圾分类尚且困难，乡村的垃圾分类该如何解决呢？然而，乡村的居民天生就会垃圾分类，乡村比城市要容易得多。首先，人们清楚哪些垃圾是会腐烂、经过发酵可以成为有机肥的，他们会把易腐烂垃圾经过专业化处理变成有机肥，为种植蔬菜、果树提供优质有机肥料，实现了"回归自然、循环生态"。其次，乡村居民很清楚哪些垃圾是可以回收利用的。在山西一个村落调查时，我遇上走街串巷收废品的，人们把可以卖钱的废品拿出来，对废品的分类十分细致，纸箱、报纸、书刊、旧铁锅、钢筋、铝制品、塑料等，都分门别类地交给收废品的商贩，然后将那些没有人收购的有害物质，交由政府集中无害化处理，垃圾就实现了充分利用和源头减量，大大减少了处理垃圾的成本。

有的地区不懂得乡村利用资源的优势，甚至把高山上村落的垃圾也打包运到城镇去处理，实在是劳民伤财的形式主义。有的地区顺应了乡村特点，从乡村文化中汲取环境治理智慧，有效地解决了乡村的垃圾问题。湖北省枝江市垃圾处理的经验，是把垃圾利用放在首位，提出"一坑两桶三上门""就地沤肥、分类减量"的垃圾处理模式。"一坑"即农户在房前屋后或田间地头挖掘沤肥池，把会腐烂的垃圾进行掩埋发酵沤肥处理变成有机肥；"二桶"即农户门口设两桶，分类投放有害垃圾和其他垃圾；"三上门"即村"三员"（乡村卫生保洁员、公路养护员、水利设施管护员）定期定时上门清收，进行分类收集，有效实现垃圾减量化和无害化。为了环境的美化，当地还针对农户庭院环境提出"三棵树、五枝花、十分菜园笑哈哈"的口号，号召每个农户绿化美化自己的庭院，推动了乡村的美化。

一些乡村振兴规划受城市建设思维影响，硬化庭院，乡村道路两旁栽种城市景观树种，铺设草坪进行美化。这样的设计，既不符合乡村的特点，也不经济——要政府出资聘用专人管护，其成本很高。如果把草坪改为菜地，把法桐、红枫、朴树、皂角、黄连木等绿化树种改为当地的果树品种，如柿子、石榴、苹果、枣、栗子等果树，不仅有了春华秋实的景观，还能体现果树的美好寓意。如平平安安（苹果）、多子多福（石榴、佛手）、健康长寿（桃）、万事（柿）如意、早（枣）生贵子等。这些文化寓意，潜移默化地发挥着文化的教化功能。各种果树、蔬菜，千姿百态流光溢彩，在营造自然氛围、美饰环境空间方面演奏着更美的乐章。更为重要的是，种菜和种果树，不仅农民有收获，还不需要政府花钱雇专人管护，变成了农民的生产和生活的内容。既节约了政府投入，又满足了农民需要。农民种菜和种树在美化环境的同时，还带来的另一个效果是垃圾减少了。因为种植需要有机肥，很多可以变成有机肥的废弃物就成为农民利用的资源，成为垃圾减量的有效措施。这里所蕴含的正是乡村生态智慧。

每当讲到乡村生态智慧，特别是提到家庭种植与养殖循环的时候，总会有人提出这样的问题：社会发展到今天，农户在家里养殖已经不现实了。甚至质疑——难道还要让农民回到鸡鸣狗叫的传统生活吗？首先，以任何理由消灭家庭养殖业都是值得商榷的。有人说农民院里养猪太臭，其实现代科学已经可以做到很卫生地养猪；有人说农民在院里养鸡污染环境，这更是无稽之谈。这里，我们提倡把传统循环农业文化移植到现代农业体系中，使其在新的环境下发扬光大。这就是我们为什么一直倡导发展种养结合家庭农场的缘故。一个适度规模的家庭农场，将种植业和养殖业结合起来，养殖产生的有机肥正好满足种植的需要，实现农场内部的封闭式的有机循环，不对外界环境产生任何污染，又可减少化学肥料的使用。因此，千万不要人云亦云地片面理解所谓的专业化，农业更讲究的是多样化。有多样化才有循环利用。

（三）乡村厕所革命需向传统农业汲取智慧

从村落中寻找智慧，再谈谈厕所革命问题。20世纪80年代以前，人们对厕所的体验是四个字——哭、笑、叫、跳。哭，恶臭让人泪流满面；笑，众人一起蹲坑，面面相觑；叫，夏日厕坑里的蛆不停蠕动，让人惊叫；跳，脏水弥漫，立足之地甚小，需要跳跃着上厕所。即使这样，能及时赶上空位也是件幸运的事，很多公厕外一到早晚高峰期就排着长龙。今天，城市的厕所早已告别脏乱臭，实现了现代化。但是，乡村还有很多旱厕。旱厕一般是在蹲坑下面建一个贮粪池或放一个粪缸，用来贮藏粪尿。在北方，很多旱厕只是挖一个土坑，上面盖两块石板，或者放两块木板。贮粪池、蹲坑、小便池和粪缸里面的粪尿不能及时清掏，臭气熏天，会招来蚊蝇和滋生蛆虫，也往往是引发传染病的重要因素，影响农村生活条件改善和农民生活质量提高。夏秋季节粪便在高温下发酵，为蚊蝇滋生提供了环境，蚊蝇携带细菌病毒在人群中进行传播，导致菌痢、甲型肝炎等疾病的发生和流行。旱厕滋生的蚊蝇污染食物，会引发食品安全问题，威胁人们的生命健康。因此，实施农村无害化卫生厕所改造，是提高乡村生活品质的重要内容和迫切任务。

20世纪50年代开始，中国政府多次开展爱国卫生运动。清理整治环境，改厕所、管粪便、除四害，突出对人畜粪便的管理，不过乡村厕所脏乱臭的状况并没有得到根本性改观。究其原因，就涉及生产方式与生活方式的关系问题。一般认为生产方式决定生活方式。乡村保留的小农户生产方式，有机肥是维系其可持续生产的重要因素。传统社会，农民从来没有把人畜排泄物当成负担或有污浊的概念，人们普遍认为"庄稼一枝花,全靠粪当家",而人粪尿是农业生产中重要的有机肥。直到20世纪70年代,很多地方的农业增产还主要靠人粪尿、草木灰等作有机肥。城市的旱厕是要通过关系才能获得承包淘厕所资格的。这种情况下,人们自然不会白白损失掉人粪尿。当时流传最广的俗语,就是"肥水不流外人田"。如果一个小伙子内急,会急急忙忙往自己的田地里跑去解决问题,而不会轻易把粪尿"浪费"在别人地里。包括人畜排泄物在内的有机肥不仅养分充足,所含矿物质元素较全面,而且肥效持续时间长,能满足农作物的整个生长期对肥料的需求。它还具有疏松土壤、改善土壤结构、防止土壤板结、不会造成环境污染等优点,因此成为可持续农业发展的重要内容之一。正是有利用人粪尿的传统和习惯,改厕就成为一个难题。水冲厕所虽然是一种卫生性、舒适性和便利性都符合现代人要求的生活设施,并且已经广泛应用于城镇,但缺点也很显著。首先,处理大量的污水和垃圾,技术难度大,资源和水电消耗大,运行维护成本高。其次,安装水冲厕所需要有完善的下水道系统支持。广大农村地区往往没有铺设下水道,且居住分散,新建或改建管网平均每户的投资远高于城镇。最后,很多地区水资源短缺,不具备冲水条件。因此,一些脱离实际的冲水厕所成为摆设。更重要的是,冲水厕所的理念与循环利用的价值观念相悖。在开放的环境下,循环利用的安全性是难以保证的。因此,乡村的厕所改造,除了实事求是、因地制宜外,还应该注意向传统农业汲取智慧。

中国科学院生态环境研究中心研究员范彬专注乡村环境卫生与污染治理研究,他的乡村厕所改造将传统厕所称为1.0版本,把水冲厕所称为 2.0 版本，前者的优点是可循环利用，后者的优点是便捷卫生。但是后者需要大量的水，是一种工业化版本，成本很高。他们汲取中国传统循环农业智慧，开发出现代化的田园循环模式，称为 3.0 版本。其特点是保留了冲水厕所的便捷卫生，又吸收了传统厕所的循环利用理念。通过抽吸式管道排放的方式，把粪尿和餐厨废物与其他的生活废水、废物分离，分类收集，然后采用现代化的生物发酵制肥的手段，将它们加工成有机肥，再通过以管道施肥为主的方式施入农田。这样既解决了废物出路的问题，又解决了过量施用化肥污染的难题，特别适合乡村以发展生态农业为特色的田园综合体产业。分离收集的洗涤废水和其他生活废品及垃圾，因地制宜分类处置、净化或再生利用，所需成本仅相当于现有污水垃圾处理工程的十分之一。河北省易县有个微水节能科技有限公司，根据循环利用原理开发的"一体式四格微水生态厕所"，把微量冲水、直排技术、发酵和再利用技术结合起来，不依赖上下水设施，实现一体式微循环。在分散的乡村就可以实现高品质生活。

  这些技术给我们启示：在乡村，大多符合乡村生态理念，着眼于循环利用的技术，不仅成本低，也会受到乡村的欢迎。而违背生态理念，机械地按照城市方式改造乡村，甚至摒弃人们循环利用的传统，一味迷信工程处理的做法，往往事倍功半，事与愿违。

三、敬畏自然的生态信仰

  古代农业文明的思想核心是宗教信仰，图腾崇拜是普遍表现形式。

有的民族至今保留着对树的崇拜，他们视树木为神灵，从不去砍树，百年的参天大树在村里随处可见。有的民族有"神山"信仰，不破坏山体和草场，甚至可以不为金钱所诱惑，用生命与破坏"神山"的行为作斗争。敬山、敬水、拜土地、祭天神等对自然的崇拜，调节着人与自然的关系。工业文明的信仰是"科学"，崇拜自然科学和信仰技术，相信技术无所不能。这种信仰与经济利益相结合，往往会演变成唯利是图的物质文明，不仅破坏自然生态平衡，也摧毁传统生态信仰，使人类面临生态危机。生态文明作为替代工业文明的文明形态，其灵魂是生态信仰。只有树立了生态信仰，才能形成科学发展观，产生新的生活理念和生产理论。简单地说，生态信仰就是人们对天、地、人之间和谐关系的信奉和敬仰。具体表现为尊重自然和敬畏自然，并把它奉为自己的行为准则。在古代，巨大无比的自然界力量，可以肆意操控人类的命运。人们对类似于刮风、洪水、干旱、病虫害以及山崩地裂等自然现象产生一种神秘感，进而导致对自然现象的恐惧。因此，人们试图通过膜拜、歌舞、祈祷等各种活动，来表达对于各种超自然力量的崇敬。以原始自然崇拜为主要内容的原始信仰就产生了。今天，需要人们树立的是以科学发现为基础的人与自然关系的信仰。无论是原始信仰还是科学信仰，都必然影响到人们对待自然的态度和行为。

（一）生产中的生态信仰

生产上的生态信仰十分丰富，体现在养殖、种植、播种、收割等一系列生产活动中，主要的表现形式是祭拜神灵。民间流传着各种各样的神，树神、水神、山神、土地神、雷神、火神等，这些神"主宰"人间祸福，"左右"农业生产的丰歉。人们通过祭拜传达对神灵的尊敬或取悦神灵，以求保佑风调雨顺。很多地方都有祭谷神的习俗，中原地区是在农历七月十五，云南的怒族则是在农历十二月二十九。届时怒族寨中的男子们抬着祭品到预先选定的场地，主持仪式的巫师叫人砍一枝金竹、一根芦苇和一枝青枫栎插在场地上，进行祭祀——祷告谷神保佑来年庄稼丰收。然后大家生火煮饭，和着米饭将祭品分而食之。农业生产信仰大都与时令和节日联系在一起，不仅有二十四节气，还有春节、元宵节、中秋节等，都是与生产相关的习俗和信仰。以农历二月初二龙头节为例，该节相传起于三皇之首的伏羲氏，他重农桑，务耕田，每年农历二月初二必"亲耕"。唐尧、虞舜、夏禹也袭而仿效，以后的历代王朝皇帝常常在农历二月初二这一天"祈平"求丰收，或者象征性"亲耕"一番，由此便演变为"龙头节"。"龙抬头"意味着结束冬眠，万物生机盎然，昂首挺胸，扬眉吐气。故自古以来，人们在"龙抬头"时节，会举行敬龙祈雨、放生活动，以求一年吉祥丰收，并将"龙抬头"时节作为一个祈福纳祥转运的日子。从节气上说，农历二月初正处在节气"雨水"和"惊蛰"之间，南方很多地方开始进入雨季。俗话说"龙不抬头天不雨"。为了求得龙神行云布雨，"龙抬头"时节要在龙神庙前摆供，举行隆重的祭拜仪式，同时唱大戏以娱神灵，祈求一年吉祥丰收；也有一些地方在龙头节有"起龙船"的活动。在北方的一些乡村，农历二月初二有炒豆的习俗，一般是炒花生或黄豆，也有的做爆米花，说是"炒虫"——进入农历二月，天气渐暖，各种昆虫开始活动，通过燃烧熏炒，可以消灭害虫，保佑农业不受虫害威胁。

求雨作为围绕着农业生产、祈禳丰收的活动，是很多民族和地区共有的习俗和信仰，反映了人们在恶劣的自然环境中，渴望美好明天，创造美好生活的一种期盼。它将"地上没有天上求"的思想变为一种现实行为。人们相信，天旱是因为得罪了龙王爷，为求龙王爷开恩，赐雨人间，就举行形式各异的祭祀、祈祷仪式。

中国岁时节庆的传说故事多以农事活动为题材，以农业劳动者为主人公。比如守岁的传说，重阳节吃糕的传说，灶王的传说等。还有一些节庆活动，如立春时节的"鞭打春牛"、张贴"春牛图"、七夕节的"赛巧会"等，实际上都是围绕男耕女织、风调雨顺等农事生产展开的，反映了岁时节庆浓厚的重农心态。围绕着节日产生的相关民俗、谚语，包含的生活生产禁忌以及相关的地方知识，都映射了劳动人民对于农业生产规律以及人与自然关系的认识，教化着人们时刻敬畏自然，重视农事。

（二）生活中的文化信仰

文化信仰大多体现在乡村生活中。可以说，个体从出生到死亡的全过程和人生重要节点，诸如生老病死、婚丧嫁娶，建房、聚会、交友等大事小事，都有诸多禁忌和习俗，受到生态信仰的支配，甚至出行都要选个黄道吉日。诸如客厅阴暗，不利招财；室内地面不平，运势坎坷；客厅挂猛兽图，家人健康运势受损；床头对镜子，影响健康等，规定十分烦琐。乡村流传着很多的老话俗语，这些俗语都是过去的人们对于生活经验的总结。虽然看似没有什么道理，其至似乎有迷信色彩，细分析却有一定道理。如"借米不借柴""借衣不借鞋"。在传统乡村，邻里间相互借米、油、盐是常见的现象，被借者一般不会拒绝。但是，如果你来借柴火的话，就很勉强了，没有人愿意借。因为"柴"和"财"同音，"借柴"那就是"劫财"，抱走了人家的"柴"，就相当于抱走了"财"，很不吉利。而且柴火在生活中并不难获取，只要自己稍微勤快一些就可以得到，柴火都要借的人，那肯定是懒惰的人。"帮穷不帮懒"的观念，也往往让大家看不起连柴火都要借的人。至于"借衣不借鞋"，从讲卫生和防止传染病角度看也是很有道理的。因为鞋子是要紧贴着脚的，很容易导致脚气一类的传染病发生，因此，人们不会将鞋子借给别人。

在村落里，建房的禁忌最多，会引起高度重视。这可能是因为建房需要耗尽一生的积累，也因为居住地的环境影响人一生的缘故。仔细考察人们在土建过程中所尊崇的信仰与禁忌，其实都包含着一定的科学道理①。在乡村常可听到一句口头禅，叫作"不要太岁头上动土"，这是人们信仰中的一种禁忌。"太岁"本是天文历法上的一个名词，后来演变为物化的"凶神"。人们认为建造新屋、兴木动土时，从土中掘到的"肉块"之类就是凶神太岁。1986年12月，新华社发过一则报道，甘肃省永登县连城村有三个农民在建房时起土打坯，从一米深的地下挖出一个肉乎乎、滑溜溜的东西。经兰州大学生物系测定，这东西是一种世界上罕见

---
① 吕洪年:《从民谚看江南"民宅"的生态信仰》,《浙江大学学报（人文社会科学版）》1999年第8期。

的白腹菌新种，后被正式命名为"太岁菌"。据说它在地下至少已经长到一百多岁了。事实证明，凡长出"太岁菌"的地方，其土质松软，确不适宜建房。因此，民间谚语和信仰，往往是含有一定的科学道理的。中国人具有浓厚的家乡情怀，特别注重人对住宅的心灵感受，强调美和舒适。在住宅布局方面，讲究造型，间架整齐、美观，强调住宅依托山水的山明水秀，强调门前树木葱绿苍翠，强调与邻舍的退避谦让，等等。于是，旧时民间建房，在格局上求吉避凶，因此有了许多讲究，如整座宅院不能呈簸箕形，若左右偏房外展，意味着难以聚财。故而在建左右偏房时，都要向里收三分。诸如此类，很多信仰和禁忌，有助于协调邻里的关系，不去侵占公共空间，又具有建筑美感。很多禁忌实际上是协调人与人之间关系的重要约束。如今，乡村建房由于缺少了这些信仰，有些农户千方百计挤占公共空间，结果路越走越窄，拥挤不堪，杂乱无章。信仰作用由此可见一斑。

有人考察过羌族村民的建房信仰[①]。他们把房屋建在山腰或山顶，具有高度的生态契合性。神树威严高耸，在崇山峻岭之间，建筑、农田、水井、森林、牲畜共同构成栖居的生态环境，让人深切感受到天时地利人和的和谐美感。羌族村民与山共生，动物、植被是他们生产工具和食物的主要来源。在村民的眼中，山、林、树、花、草、动物都是神灵与精灵的化身，只有对它们怀有深深的虔诚，才能不断从中获取生活所需的各种物质，因此形成了"山神""神树""神林"等崇拜形式。在重大的节日或

---

① 王禹栋：《从自然崇拜到生态自觉——羌族民间信仰中的"人"与"环境"》，《阿坝师范学院学报》2019年第6期。

者纪念日，羌族村民就带领全家一起聚于"神树"下，举行隆重的祭祀活动。小孩生日的时候，家长也会带孩子到树下祭祀，并且要系一条红布条或红线在树上。如果遇到比较古怪的疾病或者受到意外的伤害时，也会向"神树"许愿、还愿。人们对神树、山神崇拜，会通过祭祀等仪式定期对"神林"进行封山育林，禁止一切狩猎、伐木、采集和开垦种植的活动。羌族的民俗、民约也规定，在日常生活中，不能随便砍伐树木，不能过度捕猎。如果谁违反了规定，必将受到神灵的惩罚，同时会给家族、村寨的人带来灾难。很多民间禁忌、习俗看似一种非理性的原始宗教心理的产物，但是，如果我们用现代科学的眼光去认真地审视，就会发现民间信仰在客观上发挥着调适、规范人与自然关系的作用。人们借助"神"的力量实现对自然的敬畏与关爱理念的传承，人们明白只有保护和尊重自然生态，才能与自然和谐相处。生态信仰在客观上保护了养育人类的环境资源，有效制约了过度掠夺自然资源的行为，使自然的良性循环成为可能。同时，也维护了生态平衡，为子孙后代的可持续发展创造了条件。

生活中文化信仰的另一个重要表现是勤劳节俭。自古以来，中国人就以勤俭为修身治家美德，"一粥一饭，当思来之不易；半丝半缕，恒念物力维艰""历览前贤国与家，成由勤俭败由奢"等名言警句，折射出中华民族的价值标准和生态文明信念。农民生活是节俭的。农民保持了精打细算的习惯，既不会购买多余的东西，也不会追求奢靡。抵制消费主义对传统美德的侵蚀，反对浪费，是生态文明的要求，是可持续发展的使命所在。在物质生活日益丰富的今天，让节俭这一传统美德重新成为全民族精神世界的主流，对于生态文明建设具有特别重要的现实意义。

乡村生活是低碳的，表现为自给自足、循环利用、崇尚节俭等。自给自足的生态意义在于免去了长途运输，节省了保鲜贮存费用，减少了规模化生产对化学产品的大量使用，减轻了市场压力。因此，不应盲目排斥小农的自给自足，因为自给自足同样是对社会做出的贡献；也不要排斥就近就地生产农产品。有些人错误理解专业化，崇尚大规模远途运输供应鲜活农产品的理念，美其名曰"专业化""区域化"。其实，这样的理念和做法，既不低碳，也充满着风险。此外，乡村有着与大自然节拍相吻合的生活节奏。健康的生活方式，和谐的人际关系，新能源的广泛应用前景，使乡村获得了城市不具备的优势。特别是新能源在农村生活领域的应用，从根本上改变着中国农村的生活方式，而且会成为引领低碳经济与绿色消费的新生力量。

（三）地方性知识中的生态信仰

《地方性知识：阐释人类学论文集》是美国文化人类学家吉尔兹的论文集，他用"地方性知识"这个概念来阐释人类学，是指当地人与长期居住的环境亲密互动过程中形成的、指导当地生产和生活的独特文化和特色经验，是一个地方的人们世代延续的生存方式，是天时地利人和在特定地域的具体体现。

在村落中，地方性知识是村落生活的重要内容，其中不少体现了村落生态智慧，是乡土社区基于乡土生产生活和理智活动而总结、创造的关于自然与社会实践的经验与认知体系。地方性知识涵盖乡土社会存续的自然知识与社会知识的一切方面，如传统农业知识、技术知识、生态知识、防病与治病知识、生物多样性知识，民间文学意识表达、地理名称与标记，以及信仰、亲属与社会组织、人际关系等。

地方性知识在特定文化环境下以文字或口头方式传承，有的存在于人们的头脑中，有的记录在文字典籍里，以歌谣、风俗、宗教生活、婚姻等形式表现。它自成体系，并能够与时俱进，不断为适应新的环境而变化。地方性知识既包括诸如自然观、宇宙观、人类起源发展观、社会伦理等哲学思想，也包括社区信仰、宗教、文学艺术、价值、审美、思维意识等；同时体现在源远流长的诸如生产生活用具、家居建筑、饮食服饰等物质文化中，形成独有的相对稳定的文化形态和知识系统，维系着族群自身的特质并与其他文化知识系统相区别。

地方性知识与生态信仰一起，在维持生物多样性、保护生态、可持续利用等方面发挥着极其重要的作用。村民将森林划分为不同的功能区：大小神山、放牧区和薪柴区。大小神山的位置和范围一般不会变更，而放牧区和薪柴区是根据森林的具体状况划分的不同区块，采用轮流使用制，一般以一年为期，使用完后封闭森林休整，待森林自身调节功能恢复后再投入使用。在薪柴区的村民以拾捡枯死的树枝或砍伐遭病虫害的树木为主。实行间隔砍伐而不是整体砍伐，目的是保障森林的自然生产力。在农耕区，农民采用休耕、轮作等耕作制度，保护与合理使用土地。世界上许多农作物的多样性都是由农民根据古老的耕作方法、品种选择和土地利用习惯而保持的，为稳定产量，保护环境，减少虫害、疾病和降低风险等做出了贡献。

地方性知识包含了丰富的生态信仰，具有地域性、针对性、综合性和有效性等特点。在有些情况下是不可替代的。

其一，与地方性知识结合的生态信仰具有地域性。居山者多崇拜山神，临水者多崇拜水神。不同的地域具有不同的信仰：水乡敬水神，赛龙舟；山区就敬山神，舞龙灯。由于地方性知识是针对特定的自然与生态系统建构起来的，对地域的理解和认识比普遍性知识更深入和具体，具有对当地而言极为可靠的知识和技术技能，应用后产生的效果也要好很多。普遍性知识就很难对不同生态系统的细微差别做出针对性的适应。

其二，地方性知识的有效性。有些问题看起来很复杂，运用地方性知识去解决就变得很简单。比如，在农业生产上，有机农业对专家来说是很难的事情，可对农民来说却很容易做到。因为有生态信仰支配的一系列地方性知识，农民知道如何积肥与施肥，他们掌握着防治病虫害的地方性知识，生产出有机产品是自然而然的。世界上唯一不制造污染又能可持续发展的就是以农耕信仰为基础的农耕文明。

其三，地方性知识的综合性。地方性知识不是单一技术或单维度思维，而是整体地考虑问题，综合地解决问题。比如在生态维护上，人们总是习惯于动用单纯技术、法律、经济或行政的手段，去完成既定的生态维护目标。然而，类似的手段只能解决某些局部的生态维护问题，远不能从根本上解决问题。在我国西南水土流失严重的侗族地区，传统的治水保土办法，是在陡坡地段预留一到三米宽的水平浅草带。靠这样的浅草带去降低山坡径流的速度，截留顺坡下泄的水土，实现了重力侵蚀严重山区的水土流失综合治理。专家总结了这种办法的四种好处：一是可以形成小片牧场，放养家畜家禽；二是可以构成防火带，使森林、农田和村庄免受火灾威胁；三是浅草带会自然生长，因此无须额外投资维护，具有可持续性；四是这样的浅草带丰富了生态构成的内容，形成了多样化的生态景观。不幸的是，有些人过分迷信现代工程，而忽视地方性知识，致使生态维护投入大却收效差，甚至导致灾难性后果。

人们常说，乡村携带着生态文明密码和基因，为我们理解生态文明提供了一个可借鉴的模板。生态信仰体现在乡村的各个构成要素之中，涵盖了生产方式、生活方式、社会关系和习俗在内的乡村文化等方面。从村落选址到村落形态，从民居建设到公共空间形成，从生产到生活，从民间信仰到乡村文化，无不体现着人与自然和谐相处的理念，贯穿着敬畏自然、顺应自然和利用自然的智慧，反映先民对安居乐业的美好田园生活的向往。民间信仰从原始崇拜的顺应自然，走向了主动自觉的境界，其信仰中积淀着亲和自然的生态观念，涵养着对自然环境的崇敬和责任意识。今天，一些优秀的传统生态理念和文化理念，完全可以创造性地转化为当下"有根"的生态信仰：亲近自然，珍惜资源；保护祖祖辈辈的绿色成果，为子孙后代提供一个更清朗、更健康的自然环境。有了生态信仰，才会有生态道德和生态文明。培养生态信仰，不是要否定传统另起炉灶地树立一套新观念，而是在继承传统生态信仰的基础上，培养科学治理精神，认识和遵循生态规律，使其转化为现代发展理论和生产生活方式。

第四章

乡村生活是农民的特殊福祉

什么是乡村生活？有一首歌《我和我的祖国》唱遍大江南北，其中歌词是这样的：

> 我和我的祖国，
>
> 一刻也不能分割。
>
> 无论我走到哪里，
>
> 都流着一首赞歌。
>
> 我歌唱每一座高山，

> 我歌唱每一条河，
>
> 袅袅炊烟小小村落，
>
> 路上一道辙。
>
> ……………

歌词描绘的是乡村生活情境。"袅袅炊烟"描述的是乡村农家做饭时，徐徐轻烟回旋上升，伴随着饭香扑面而来又随风而逝的景象。人们常用"袅袅炊烟"来表达自己内心所向往的宁静而纯洁的乡村生活方式。"路上一道辙"，那是拉着收获的农产品的牛车，或者送农家妇女回娘家的驴车，在崎岖的乡村土路上留下的轨迹。如今，只能在电影里、油画上看到如此景象，这样的乡村生活在大部分乡村已经成为过去和记忆。

宁静的乡村生活景象

谈到乡村生活，人们还会想到"房前屋后，种瓜种豆"，想到"鸡鸣狗叫，牛羊成群"，进而联想到"采菊东篱下，悠然见南山"。其实，乡村生活内容十分丰富。有人说，乡村是未来的奢侈品。这话有一定道理。譬如，乡村住宅每个人平均占有的面积是城市人所望尘莫及的；农家有个院落，不仅可以在院子里聊天喝茶，还可以种菜、种花，养鸡养鸭，坐在院落里即可感受春华秋实，体会春夏秋冬；更不用说乡村坐落于绿水青山之中，可以观云起云落，看鸟飞，听蝉鸣，赏野花野草，享新鲜空气。或许有人说，这是城市人对乡村的浪漫向往，是小资对乡村生活一时的新鲜感，甚至有人会认为歌颂乡村生活是"饱汉不知饿汉饥"。其实，正是由于忽视了乡村的生活价值，忽视了乡村生活的幸福感所在，是造成乡村衰败的重要原因之一。当我们重新审视乡村生活价值时，会发现，对农民来说，乡村是一种特殊福祉。遗憾的是，很多人在物质主义的影响下，不理解这些福祉的意义，甚至主动放弃了这些福祉。

这里，我们仅从乡村的生产生活消费、人际交往、乡村娱乐等方面做些论述。帮助大家理解乡村生活特点及其对农民的重要意义和价值。

一、自给自足

在乡村调查中，很多人会产生这样的感觉：农民的收入并不高，但他们的生活很惬意，有着较高的幸福指数。在乡村，隐含着许多特殊福利，凭借着这些福利，农民可以满足于去货币化的消费，保持着充分而又充满情感的人际交往，有着丰富的愉悦身心的闲暇活动等。当人们用物质的视角去看待这些现象时，或许认为一钱不值，甚至认为是对农民的忽视或歧视。但是，当人们从生活角度去审视乡村时，才发现这确实是乡村的特殊福祉。自给自足就是其中一项重要内容。

（一）乡村自给自足的内容

自给自足是指以家庭为单位，满足自身需求的一种状态。乡村的自给自足表现为多个方面，从房屋建设到食品加工，从生活用具和劳动工具的制作到农业生产等，都具有自给自足的特点。

1. 生活与生产工具的自给自足

乡村的生活用具和生产工具很难严格划分出哪些是生产的，哪些是生活的，如竹编和树条编的容器，扁担和水桶。生产工具，如犁，是用来翻地、疏松土壤的工具；耙，是用来把犁过的土地中土坷垃压碎、整平的工具；耧，是播种用的工具；水车，是车水浇地的用具；还有镰，是收割用具；锄，是锄地、除草用具；镢，是刨地用具；锨，是挖沟、翻土用具；筐，竹编或树条编的容器，是装东西用的；扁担，是挑或抬东西的用具；杈，是打场的用具；牛车、手推车，是运输的工具。除了生产工具，日常生活用品也可以在村落里自己生产出来。用葫芦制作的水瓢，用柳条或荆条编织的筐、篓、篮子；自己制作的水桶、手推车、打谷桶、扇车、石碾、石磨、纺车、榨油机以及制作美食的一系列工具。织布、做鞋、编织、木工、打铁、建筑、石刻等一应俱全。每家农户简直就是一个农具博物馆。在沂蒙山的村落中，石碾、石磨至今还在使用。人们说，石碾、石磨加工出来的食品好吃。在村落中像盖房子这样的大

安徽省绩溪县荆州乡篾匠

事，也是不用求助外来人的，自己设计、自己施工。于是就有了许许多多能工巧匠，由此发展出来品类繁多的乡村手工业。乡村手工业是生产力水平低下时，由小而全的生产方式所决定的，也是"万事不求人"的小农生产习惯决定的。庄稼从种到收、从农产品的晾晒到食品制作，往往都由自己完成。有人认为，未来专业化服务可以解决一切问题，这是不现实的。即使在今天，农民依然保留着自己的小型农具，因为农业的季节性决定了不能被动等待服务组织的大型农具，要主动把握时机。农民懂得"人误地一时，地误人一年"的道理。再有，小而全的、自给自足的生产工具有利于生产性资源的开发利用，按照现在的说法叫作"延伸产业链"。

2. 农产品的自给自足

传统乡村的生产被称为"自然经济"，其特征就是自给自足。表面看起来很简单：家中有块地，有农具，有牛，有劳动力，就开始了日出而作，日落而息，春种秋收，周而复始的生活。辛苦一年，种出粮食，供全家人食用，有盈余的话拿到市场上去卖，换回其他的生活必需品。其实，自给自足并不如此简单，它既体现最大限度满足自身消费的需要，又体现充分利用当地资源的智慧。农民要吃粮食，所以就种五谷杂粮，哪块地适合种水稻，哪块地适合种玉米或谷子、豆子，农民都一清二楚。要吃蔬菜，就有了各种蔬菜栽培，哪里适合种白菜，哪里适合种土豆，农民心里明明白白。农民还会栽培多种水果，饲养鸡、鸭、鹅、猪、牛、羊等家禽家畜。目的是满足自身多种的消费需要。自给自足并不是说没有交换。每个村都有自己适合和擅长的农业生产内容，这是村落主导或特色产业，农民不会因为有特色农业，就放弃满足生活需要的农产品的生产。我的家乡盛产柿子，有几百年的栽培历史。除了柿子，人们还要栽培桃、李、杏、核桃、枣、石榴等数十种果树，要种十几种蔬菜，要饲养多种家禽家畜，都是为了满足家庭的需要。有些当地不能生产的农产品，就用柿子去换。记得过去我们村的村民常用柿子去换大米。

能在村落中获得的生活资料不仅种类繁多，而且生态环保。这些生活材料取之于自然，用之于自然，回归于自然，不对环境产生污染。这也是一些草编的篓、竹编的果盘或柳编的筐走进城市百姓家的重要原因。联系"土鸡蛋""有机蔬菜"等这些"土家味"被消费者所追捧的情景，我们有理由预测，未来"乡村生产"或"乡村制造"可能会成为环保和生态的重要标志，成为乡村价值的重要体现。

3.生活消费品的自给自足

生活消费不仅包括锅碗瓢勺等生活用具，也体现在柴米油盐酱醋茶等生活必需品的自给自足，这是人们日常生活所必需的东西，是人们每天为生活而奔波的事。在大部分乡村，除了盐和茶，其他都可实现自给自足。柴火的重要性人尽皆知，生米煮成熟饭要靠柴火，炒菜、烧开水、取暖、烤肉、煮猪食，都离不开柴火。因此，农民对柴是情有独钟的。一些地区至今还保留着烧柴的传统，人们把地里的秸秆集中起来，当燃料使用，草木灰作为肥料还田。在山区，人们把枯死的树木、枯枝落叶等捡回来作燃料，充分利用了山林资源，减少了对煤炭或煤气等不可再生资源的依赖，是可持续发展理念的体现。甚至有些美食必须要用柴火灶才能做出来。在山西灵丘县有道美食叫"溜猴"，只有在柴火灶上才能做出来。如今农户家柴火灶改煤气灶了，家家用煤气小锅做饭，时间节省了，也干净了，但是有些地方的美食却做不出原来的味道了。

生活消费品的自给自足还体现在农产品的简单加工，于是就有了苹果干、葡萄干、萝卜干、柿子饼、葫芦条、干豆角，以及酸菜、腊肉、风干肉等，还有了醋、酒、豆腐等，满足农民不同季节消费的需要。既调剂了余缺，也丰富了生活消费的内容。特别是村落中的人们掌握着各种简单或复杂的食物制作方法，如蒸馒头、打年糕、做糍粑，用黄豆加工豆腐，把猪肉制成腊肉，诸如此类，不胜枚举，形成了中国特色的美食文化。

（二）乡村自给自足的价值

过去人们多是从批评小农经济的弊端否定自给自足模式，其实，即使在现代市场环境下，农户保留自给自足的传统也是十分必要的。农民在从事农业生产的过程中保留一定程度的自给自足，不仅可以满足家庭的生活需要，也减轻了市场压力，对己、对人、对社会都百利而无一害。

1. 满足生活需要

我们在北京市延庆区与河北省怀来县交界处的一个乡村调查院落的利用情况时，70多岁的老李描述了他的院落生产和生活，可大致反映中国乡村自给自足和院落利用特点。打一开春，这个60多平方米的院子里就开始了勃勃生机：最早种上的蔬菜是生菜，然后是"五月鲜"黄瓜，之后是细细的小香葱；接着，不断蔓延的草莓秧下，一颗颗果实坐果膨大；再后来，樱桃树上结出满树"红珍珠"。盛夏之后，豆角、西葫芦、茄子、南瓜……陆续而来。小院不仅是个"小氧吧"，还能保障餐桌上的食品安全。

种什么、养什么，常常是依据农户家庭生活需要而进行的。瓜果蔬菜的种植，鸡鸭鹅、猪牛羊等家禽家畜的养殖，附之以地方手工业生产，都具极强的自给自足的特点。

自给自足除了满足农民一般需求外，还在于满足特殊需求。特殊需求包括物质的，也包括精神和情感的。诸如土猪肉、土鸡蛋、野蜂蜜、野生菌等，农民留着自己食用，是不会卖给别人的，这成了农民的特殊福利。我们在太行山调研，那里的山桃山杏满山遍野，人们把采来的山杏核晒成干果，给孩子们当零食，还把杏肉酿成杏醋。农民自酿的杏醋，清澈透明，泛着淡淡的黄色，味道酸甜适口，回味醇厚，是工业化产品不可比拟的。这种福利，也只有农民才能享有。这种自给自足，更多的可能是心理和精神上的满足。

自给自足也满足了养老需要。如今开始流行的"生活养老",就是给老人们一块可以自己支配的土地,通过劳动实现老有所为、老有所乐,获得幸福感和满足感。

2. 降低生活成本

在城里生活,离开钱可以说是寸步难行,在乡村就不一样了。自给自足维系着"去货币化消费"的生活模式,乡村生活很多情况下是不需要钱的。住房不需要房租,也没有物业费,烧柴、喝水、吃粮、吃菜、太阳能利用,几乎都不需要货币支付。因此,低收入人群在乡村生活能过得去,就在于农村有一块土地,有自己的宅院,有青山绿水。生活资料的获取成本低到不可思议,在乡村凭借着土地,只要付出劳动,就可以生活。老两口自己能种菜、种粮,养几只鸡,在不生病的情况下,每个月一百元就过得去。这样的生活成本,在城市是难以想象的。

不过,我们看到,如今乡村生活的成本在不断被推高,"上楼"的农民,柴火改成了天然气,要掏钱。有些农户出不起天然气的钱,就在楼上烧柴;厕所改成了水冲,农民说"撒泡尿还要花钱",于是自家的厕所不用,到外边找公厕,徒增烦恼;取暖费、物业费的拖欠,引发各类矛盾和冲突。教育费用、通信费用、医疗费用等,农村已经与城市无异。这样就逼迫农民离开乡村外出打工挣钱,成为乡村衰败的重要原因之一。

我们讨论乡村低成本生活,不是要一味地维系低水平的乡村生活,而是要从低生活成本生活方式中汲取营养:一方面,指导全社会生活方式的变革;另一方面,必须懂得乡村生活条件的变化,只有与生产方式和老百姓的收入水平相匹配才是可行的。

3. 维系低碳生活方式

低碳生活是指人们生活中尽量减少能量消耗，从而减低二氧化碳的排放量。乡村自给自足的生活本来就是低碳的。我们可以列出一些乡村生活的普遍事实，如自己种菜自己消费，吃不完的可以就近卖掉，减少了蔬菜的长途运输和保鲜的能耗；自然地养殖家禽家畜，不需要建造现代化的饲养设施，不需要机械，不用专门的饲料供应；生产与生活废弃物循环利用，减少了垃圾；用筐、篓、篮子装农产品，不用塑料袋等制品；到地里干活，也不用乘车，步行即可，因为村落都遵守近地的原则建设；乡村气候凉爽，人口密度低，夏天很少使用空调。在乡村，人们保持着"顺应自然"和"勤俭节俭"的传统，尽管村里的水都来自山泉水，但村民们保持着节约用水的传统。例如，他们把清洗衣服的水收集起来用来洗拖把，再拿去冲厕所；用淘米水浇花，洗菜的水用来浇树和浇菜地。就地取材的民居，不论是夯土墙，还是石板房，不仅造价低廉，建造过程低碳环保，结合现代新技术，不输于砖混材料或钢筋混凝土的房子，而且与乡村环境相融合，本身就是一道亮丽的风景线。

乡村的资源种类也十分丰富，如农作物秸秆、人畜粪便、农产品加工副产品，还有新型能源作物等。特别是新能源的应用，在技术上支持了自给自足能源利用方式。由于乡村居住的分散性，太阳能、风能、地热能、生物能等新能源，更适合人口分布密度低的乡村。新能源的这种特性使农村获得了新优势。在乡村可以看到家家户户房顶上都安装着太阳能热水器，如今的农户不仅利用太阳能洗澡、做饭，还用它取暖和发电。通过发展沼气实现对生物能源的深层次利用，不仅能为农民的生活和生产提供清洁、成本低、使用方便的新能源，而且还能恢复和维持村落的生态循环，维系良好的乡村生态环境。

二、人际交往

曾经的邻里守望与"邻居好，赛金宝""远亲不如近邻"，随着农村城市化步伐的加快，慢慢淡去。其实，乡村有着特殊的空间结构和特殊的人际交往形式。

（一）开放的农户

乡村是由一个个农家院落构成的，院落有很多特点，开放性是其重要方面。开放性是熟人社会得以形成的空间条件。村落中的人们都是彼此熟悉的。孩子们一起游戏，一起上学，一起劳动，一起淘气，童言无忌，纯真的童年相互了解，也相互影响，是没有什么隐私可言的。因此，人们常用"一起光屁股长大的"来形容熟悉程度，长辈则常用"他们是我看着长大的"来表示很熟。每一个孩子的成长过程都置于成年人的视野中，成年人对村落中的孩子们的言行举止、为人处世、道德情操不仅是了解的，而且还有自己的评判。农家院落的开放性不仅表现在其空间是敞开的，可以接纳阳光雨水，也表现在其社会性是敞开的。无论院落有无围墙，都很少见到像城市住宅那样把人拒之门外的防盗门和钢筋栅栏，院子的门是敞开的。这种开放性为村民之间的交流、互助提供了便利，也为农户间的相互了解提供了可能。串门是村落中最为普遍的现象，串门的目的也十分丰富。可以是借某种工具或其他生活用品,可以是商量或请教一些事情,可以是聚在一起娱乐,当然更多的是聚在一起聊天。由于这种开放性,农户家里的事情才变得透明,谁家吵架,邻居都知道的。我见过一农户的媳妇受了气,大声哭喊,街坊四邻听到后赶过来劝架,对事情进行评判,批评不对的人,为吃了亏的人解气,最后把矛盾摆平。有时两口子发生矛盾也请邻里来评评理。谁家要是管教孩子,对孩子施加暴力,听到孩子的哭声,邻里就会出来劝解或阻止。如果有谁生了病,邻里会来看望,问寒问暖,还会送些营养品。

在乡村做访谈调查,不需要走遍每家每户去了解他们的基本情况,因为村落中的农户彼此间都了如指掌。比如,对邻里的家庭人口、年龄、文化程度、婚姻状况、收入水平等,村民们都如数家珍。甚至谁家的儿子在哪里打工,儿媳妇娘家人的基本情况,邻里都会详细地说给你听。在乡村,之所以村民们相互间都了如指掌,是因为村落就像一个大家庭,村民愿意把所有事情都展示在邻里面前。如果谁家有"隐私",问他家的情况时大家都摇头,这个家庭一定是"离群"的,或属于被排斥的对象。

(二)邻里互助关系

邻里关系是以家庭为单位、以地缘为依据产生的社会关系。这种关系存在的前提是乡村空间结构。如果到了城市,住在对门也只会是点头之交,存在于乡村的那种"居相邻,情相近,温情脉脉,彼此帮衬"的共同体在城市中是难以存在的。有人认为,乡村的邻里互助是由生产力水平低下所产生的一种互助经济的支持。实际上邻里互助更是一种感情需要。一家做了好吃的食品，拿出来和邻里分享；一家收获了水果，送给邻居品尝。村落就这么大，人就这么多，平时免不了相互帮扶，互惠互利。相互赠送些农产品在今天更多的是情感意义。回到老家，大爷、大叔们在地里采摘时，他们会招呼你，送你几把花生、几根玉米，你会感到很亲切，对方也会因此获得某种成就感和自豪感。

邻里互助具有三个显著特点：一是知根知底。乡村居民往往是世代为邻，对邻里的需要、困难了如指掌，使互助具有很强的针对性和适应性。由于邻里相邻而居，朝夕相处，同作同息，接触频繁，来往甚密，大家对邻里的性格、兴趣、健康状况、家庭内部成员关系、经济收入以及困难问题等有着深刻的了解，提供的帮助容易起到雪中送炭的效果。二是互动频繁、持久。左邻右舍，抬头不见低头见，有着频繁的互动关系，也很容易产生情感依赖，往往成为倾诉和互助的对象。遇到困难，亲戚离得较远，远水解不了近渴，热心肠的邻里却能够给予经常性地关怀。这种帮助付出的成本较低，经常听到"不用谢，举手之劳"的应答。在北京延庆区的小浮陀村，就有个照顾邻里老人的故事。老人女儿远嫁他乡，老人不愿意和女儿一起去居住，邻居就负起照料的责任。老人家里安装了三个呼叫器，接到隔壁邻居家。如遇到啥紧急事情需要帮助，老人就按呼叫器。这样相处了十多年，互助就成了常态。三是救急的需要。在家庭生活中，难免会出现需要紧急救助的意外事故，如突然生病需要送医院，购物钱不够了需要临时借钱，歹徒入室抢劫，发生室内漏水、失火等灾害。这些紧急情况发生时，只能求助于邻里就近帮助。

自古以来，中国就有邻里和睦、互助互济的风尚。邻里互助的风尚在民间代代相传，历久不衰，成为道德传统。如今，温情脉脉的邻里关系，随着城镇化的进程被打破了，人们普遍感到人与人疏远了，陌生了，有一种莫名的失落感。因此，在一些城镇社区，人们汲取乡村邻里文化，成立诸如"邻里互助会"民间组织，开展"邻里一家亲"行动，探讨乡村邻里和谐、家庭和睦的传统在城市社区延续的可能。

（三）家人团聚与走亲访友

人们一定还记得2008年的那场雪灾。2008年1月3日，我国发生了大范围低温、雨雪、冰冻等自然灾害，涉及20个省、市、自治区，铁路中断、高速公路关闭、航班取消……雪灾造成数百万人滞留在机场、火车站或高速公路上。"我要回家"是那时人们最想表达的心愿。

为了回家，为了帮助他人回家，春运史上留下了很多感人的故事。人们为什么要回家？

家是什么，千万个人有千万种说法。有人说，家是一种文化；有人说，家是一段时光；有人说，家是一种情怀。家，是让我们魂牵梦萦的地方。家不仅是我们在家乡的住宅，更多地表现为围绕家而形成的社会关系和文化。

要理解家的含义，要先弄清楚家乡的概念。我们认为家乡由四个要素构成：

其一，家乡有血亲关系。家乡有我们的亲人，有父母、兄弟姐妹、舅舅、姑姑等亲属，这些是我们最亲近的人，构成亲友圈子，形成家族。

家乡有祠堂，家族有族谱，族人的相互帮助，形成了家族归属感和自豪感。

其二，家乡是地缘关系。家乡有邻里，有伙伴，有大家一起生产、生活的山水林田，还有一起活动的公共空间，形成了共同的记忆。有同样的生活方式和习俗，遵守同样的礼仪规范，甚至使用同样的方言。"老乡见老乡，两眼泪汪汪"，就是由共同的习惯和家乡情怀所决定的亲切感。

其三，家乡有固定的地址、形态和住宅。家乡是固定的，与地方的山水融为一体，在空间上不会移动，在时间上源远流长。从家乡走出来的人，说起自己的出身，总是把祖籍挂在嘴上，祖辈是哪里的，然后迁到哪里，对于不能回故乡为祖先扫墓而感到遗憾，对于不能落叶归根而感到失落。祖上留下的老宅，凝聚着几代人的心血和记忆，那是不能轻易卖掉的。如果卖掉了祖宅，会被乡里乡亲们骂为"败家子"。

其四，家乡有记忆，是存放乡愁的地方。乡愁是对家乡的思念，是一种对家乡的情感。对故土的眷恋，是人类共同而永恒的情感，特别是中国人，有着浓郁的安土重迁和落叶归根的乡愁文化传统。乡愁是在传统农业社会中，因离乡出走而对家乡的山水、民居、风俗、习惯的怀念，对祖先的墓地、家族的祠堂、乡土民居、村里的大槐树，以及依附于其上的伦理道德、价值观念、乡土信仰和审美情趣等传统文化的眷恋。

中国人都带着一种特殊的基因，那就是"家是最温暖的地方"。家就是存在于家乡的住宅。父母在，家就在；老宅子在，根就在。年初离家拼搏，岁末归乡团聚。经过一代代的积淀，"回家过年"深深烙在每一名炎黄子孙的心头。因为有家，我们的长途跋涉有了意义，无论家乡有多远，无论怎样的天气，无论什么困难，都不能阻挡我们回家的脚步。家里有我们熟悉的味道，家里有等待我们的亲人。城市的住房，只能称为住所。因此，在春节，中国人是一定要回家的，满足情感和精神的需要。

回家不仅是为了和家人团聚，也是为了走亲戚。我们的观念里，亲戚关系是所有人际关系中最重要的部分。走亲戚是古老的传统民俗文化，特别是在春节期间走亲戚、回娘家，是中国人祖祖辈辈的习俗。它是亲戚间联络感情、互相慰问的一种亲情大交流。

在传统乡村，走亲戚可以在任何时候进行，而逢年过节为走亲戚提供了最好的理由。特别是春节前后，记忆中的乡间小路上，到处可见走亲戚的人们身着盛装，自行车上载的，赶着毛驴驮的，还有肩挑手提的，带上的都是最好的礼物，满载着喜气和亲情。到了亲戚家，盛情招待是必须的，会摆出最好的酒菜，大人一桌酒席，把酒言欢，小孩子们一桌，你争我抢，十分热闹。主人家的房舍庭院，是完全开放的，真正的宾至如归，供大家任意使用，也成了孩子们随意玩耍的乐园。夕阳西下，走完亲戚的人又带着主人回赠的礼品满意而归。

走亲戚，被认为是年俗中有趣味有意义的活动。如今，乡村走亲戚的形式有了很多变化，但是走亲戚的社会意义依然延续着。

第一，传递祝福，增进感情。无论哪个节日，走亲戚都包含着关心、问候、祝福的内容。春节走亲戚就更是要"过年言好事，出口称吉祥"，将欢乐、喜兴和祝福送给亲友。通过走亲戚聚合亲朋好友，密切了关系，建构了联系情感的平台。在这个平台上，亲友之间相互学习，加强了"亲缘共同体"的归属认知，使大家清晰认识到家族和血亲关系的存在，是团结、巩固和维系"亲缘共同体"的重要纽带。春节作为最重要的传统节日，在传递喜庆和欢乐的同时，被赋予了"团圆"和"归属"的含义。"亲戚越走越近，朋友越走越亲。"它为人们编织了一张亲情网。平日里大家都忙，过年无论如何都要联络一下感情，把一年来的喜和乐好好诉说一番，是获得尊重和成就感的重要途径。因为有了亲戚，我们在这个世界上才不孤单，才有温暖。正因如此，走亲戚就成为精神生活的重要内容，这或许也是走亲戚这一民俗历久弥新的原因所在。

第二，代际礼仪传承与教化。像春节拜年，整理服饰、焚香、跪拜。先祭拜祖先，然后按辈分高低和年龄大小依次拜年。这种严肃的仪式传递着尊重祖先、孝敬老人、友好待人等文化传统，尤其是对家中的少年儿童影响更深，是实施教化的重要途径。在这一过程中，传统道德观念代代延续、纵向传播。同样，走亲戚的过程也是强化社会角色规范的过程，成年人为儿童做出示范，使他们能掌握礼仪规范和交往知识。在这个过程中，年长的亲人将自己积累的生活经验和传统礼仪规范传递给晚辈，晚辈们把他们接收到的外部世界的新思想、新技术和新信息也传递给家乡的长辈。

第三，维系民间秩序。走亲戚中的参与者，无论贫富或社会地位高低，都必须遵守约定俗成的仪式规则。这些习俗、仪式，会形成无形的群体压力，以权威性和神秘感整合参与者的行为，使其形成一致的认识和价值观，进而规范参与者的行为。对长辈的尊重，对困难亲友的支持与扶助，对家族公益事业的热心参与，对后代的关心与爱护等行为，在走亲戚的过程中会被赞扬，进而得到强化，成为维护民间社群秩序的重要方式。

我们也必须看到，家人团聚和走亲戚的习俗随着愈来愈追求快节奏生活和功利化的生活方式不断被淡化，春节团聚和走亲戚的仪式感和神圣感慢慢被消解。随着互联网技术的普及与应用，人们的问候方式也发生了根本性变化。民俗是一个国家最灿烂的文化遗产，如何正确地对待民俗的价值，通过仪式化符号强化人们的文化信仰，以保护和传承传统文化，是我们亟须思考的问题。

三、乡村娱乐

娱乐是乡村生活的重要内容，乡村的娱乐方式和内容十分丰富和复杂，涉及的范围也十分广泛。有时人们可能分不清农民的生产和生活，如在自家院子里养鸡的老太太，每天哼着传统歌谣，喂鸡、养鸭、捡鸡鸭蛋。老太太的行为是生产还是生活呢？当不让她养鸡鸭时，她会感到十分无聊，这不是经济问题，是割舍不下的情感和生活权利问题。除了劳动，传统乡村娱乐有听书、看戏、赶集、逛庙会，以及参加节日活动、走亲访友、参加红白喜事等。这里就乡村最常见的串门聊天、打牌、乡村文艺做些讨论。

（一）串门聊天

串门聊天是传统村落最重要的闲暇活动，所谓"串门"，就是到别人家里坐坐、唠唠嗑，常常出现在关系较好的左邻右舍之间，是村落特有的生活方式。考察它产生的条件，一般认为产生于农业生产经验的交流，而感情和精神需要占更重要的地位。串门聊天是联系村民的纽带。农村的布局和院落建筑特点为串门聊天提供了便利。村内房屋互相毗连，左邻右舍墙房相连，或隔墙为邻，或对户而居，为串门聊天提供了空间上的便利。

聊天，就是闲谈，所聊内容十分丰富，东西南北，海阔天空。大到世界、国家、事业、人生，小到天气、身体、柴米油盐；张家长、李家短、谁家媳妇不孝敬公婆，以及各种乡村"秘闻"，都是聊天的话题。如果要对聊天内容进行分类的话，可归纳为以下九种类型：东拉西扯八卦型、生产生活互助型、挪借东西救急型、拜师学艺咨询型、大小热闹好奇型、请客吃饭娱乐型、婚丧娶嫁节日型、村社干部公务型、亲朋好友看望型。如今的聊天形式多样化了，有文字聊天、语音聊天，还实现了视频聊天。现代通信技术能够让远隔千里的人们方便地互动。一些单位还专门开辟了"聊天室"，创造尽情聊天的环境条件，但无论如何都无法取代乡村串门聊天这种面对面的联系所带来的快感。

聊天是人与人交往的自然行为，因而它无须组织，无须安排，人数多寡不限，时间场所无定，可茶余饭后，可电视机前……聊天对于人们如同吃饭睡觉一样，是一种基本需要，只不过它是一种精神需要。人们每天不管多么忙，总要和别人聊上几句。在家和父母、兄弟、妻子、儿女聊,在外和街坊邻居聊。一个人身体不好时,和人聊一会儿天,病痛仿佛就会减轻许多;心绪不佳时,和人聊上一阵子,好像就忘记了烦恼。终日不得聊天的生活是不可想象的,它就像被剥夺自由,是对精神的折磨。我的父母最盼望的是春天的到来,天天翻阅日历牌,计算着哪天可以回老家。当春天快来临时,他们会提前半个月早早地就打理行李,收拾用具,眼巴巴地盼望离开城市回乡村老家去。他们说,回到乡村就像是挣脱牢笼,最大的快乐就是可以和邻里串门聊天。聊天的时候,人们的心理是极自由放松的。聊天内容没有预先设定的范围,没有规矩,或所闻所见,或所想所思;可互通喜讯,也可互诉愁肠;可互相安慰,也可互解心结。开开心心,随随便便,畅所欲言。

作为乡村社会生活中最重要和最普遍的一种闲暇形式,乡村的串门聊天在很大程度上拉近了彼此的距离,对促进村民之间的交流和联系,密切感情、融洽关系以及满足自身心理需要等具有重要作用。村民可以在交流中学习新知识、新技术和新方法,乡村的很多生产技术、营养知识、烹饪技术和手工技艺,就是通过串门聊天实现交流与传播的。研究表明,聊天具有愉悦身心的重要功能,经常聊天的人,能找到释放压力的有效方式。很多话憋在心里,天长日久会积郁成疾,通过聊天,压力和郁闷得以释放,是调解心理健康的有效途径。

(二)打牌

在乡村的众多娱乐方式中,象棋、扑克、麻将是农民闲暇活动中最常见的娱乐方式,其中以麻将最为普遍。调查发现,一些村子几乎家家有麻将桌，男女老幼均可上阵。一家人围着方桌打牌，成为一种全民的娱乐形式。2007年4月，中央电视台《走进科学》栏目做过一期节目《麻将牌运之谜》，其中说道："这世界上只要有人的地方就会有中国人，有中国人的地方就少不了麻将。"正因为如此，有人认为麻将是中国传统文化的组成部分，有其独特价值；但也有人深恶痛绝，认为麻将是赌博之首，与吸毒无异。有的人打牌通宵达旦，"一心想赢、两眼熬红、三餐无味、四体不勤"，导致工作庸、懒、散，不作为。更严重的是，还有的人因"打牌搓麻"陷入赌博深渊，引发社会问题。但这些并不是打牌的必然结果，或者说不要把这些腐败与堕落归因于扑克或麻将的存在。当把它们作为一种娱乐方式来看待时，村民们普遍认同打牌，并归纳了打牌的四大好处：

第一，愉悦身心。一个人没事做的时候会感到寂寞，特别是老年人，退出了生产劳动的队伍，回到家里无所事事，打牌成为一个很好的娱乐方式。几个人凑在一起打牌，有事干了，不寂寞了，打起牌来，就忘了所有烦恼。打牌具有愉悦身心的功能，甚至一些疾病会因打牌不药而愈，村民们将之戏称为"麻疗"。

第二，活动脑筋。麻将具有很强的趣味性、娱乐性和益智性，大家聚在一起斗智又斗勇，要根据具体情况形成合作与竞争，先打什么，后打什么，有战略，有战术，有攻有守，有进有退，有对有错，有赢有输。这类以脑力运动为主的活动，可提高人的记忆力、逻辑推理能力和大脑思维的能力。

第三，密切感情。打牌确有联络感情、调节人际关系和促进人们的交往功能，甚至可以形成一个趣缘群体——"牌友"。牌友是因为有共同的打牌兴趣而结成的伙伴群体，也是经常交流的对象。打牌是邻里交流和保持联系的重要手段，"三缺一"时，就想到了牌友，或打电话，或上门寻找。如果牌友病了，就去看望，可以及时发现牌友的困难和问题，在牌友之间形成互助的群体。

第四，培养团队精神。这个团队一方面是指牌友的趣缘群体，几个经常聚在一起打牌的人就构成了一个小的团队，符合初级群体的基本特点。在打牌（特别是扑克）过程中，两两捉对，形成交战双方。要把牌打好必须要有合作的态度和意识，打牌讲究的是配合，是与搭档之间的默契，是与对手斗心智，是准确的信息传递，是双方的心领神会。打牌表面上是在玩概率，而实际上是在比心态，打牌有输有赢，有对有错。对家犯错了，是大度包容，还是拍案而起，拂袖而去？在牌桌上能体现一个人的聪明才智、合作精神、处事方式和人生态度。

有人认为青少年参与家庭打牌具有"成人礼"的作用[①]，认为打牌是规则性的成人世界在娱乐生活上的投射。融入打牌这种活动中，青少年就被认为具有了和长辈们进行平等交流的地位。在家庭中，打牌的人享有较高的关注度，打牌的人可以理直气壮地享受别人端茶倒水的服务，而不打牌的人则有被冷落感。中国传统伦理强调安分守己、贵贱有别、长幼有序、亲疏有分，对于农村青少年来讲，参与成人打牌就是一种特别的仪式，算得上是他们的"成人礼"。但是，打牌成为青少年成人礼需

---

① 王登峰：《湖北某地农村青少年参与家庭打牌探究》，《山西青年职业学院学报》2017年第3期。

要正确的引导,以免误入歧途。

(三)乡村文艺

对于村民来说,单纯的日常接触并不能满足他们全部精神生活所需,还需要通过参加一些集体性活动来满足。其中,乡村文艺是重要的形式。乡村文艺形式多样,内容丰富,从故事传说到地方戏曲,从杂耍到集体舞,从庙会、花会到剪纸和贴对联等,无所不包。乡村文艺往往和乡村节日联系在一起,逢节必"闹"是其特点。这里的"闹"是指"热闹""欢快""开心"的意思。春节期间唱大戏,图的就是热闹,元宵节闹元宵、端午节赛龙舟、中秋节家人团聚、春节拜年和走亲戚也以热闹为特征。就是村民办红白喜事也要吹吹打打,追求热闹。

以元宵节为例,北方的元宵节以庙会、花会为特色。其中踩高跷、舞狮、舞龙是最为常见的娱乐形式。高跷表演者脚踩高跷,可以做舞剑、劈叉、跳凳、过桌子、扭秧歌等动作。表演者扮相滑稽,引起观众阵阵欢笑。人们在喜庆日子里也常用舞龙、舞狮来祈祷龙的保佑,以求得风调雨顺,五谷丰登。舞龙的道具用草、竹、布等扎制而成,龙身的节数以单数为吉利。经过不断发展和改进,舞龙已经成为一种具有观赏性的竞赛运动。舞狮子,是我国优秀的民间艺术之一,每逢佳节或集会庆典,民间常以狮舞来助兴。狮子为百兽之尊,形象雄伟俊武,给人以威严、勇猛之感,寓意勇敢和力量。人们认为它能驱邪镇妖、保佑人畜平安。

戏曲是中国传统文化的重要组成部分,看戏是村民们充实生活、陶冶情操的重要方式。每个地方差不多都有老百姓喜闻乐见的地方戏曲。

有人认为随着电视广播的发展，地方戏曲行业遇到了挑战。而据调查发现，村落里的人们对看戏仍有很高的热情，特别是农村妇女喜欢聚在一起边看戏边议论。每逢村里有红白喜事，都会请人唱戏或表演民间歌舞，戏台往往被人围得水泄不通。观众之中不乏年轻人，他们未必是戏曲爱好者，有不少是凑热闹的，但是对民俗的探究兴趣和参与热情溢于言表。地方戏与民俗活动相结合，更能增加吸引力，甚至能助力乡村旅游产业的发展。

乡村文艺为什么会受到村民的欢迎？《向农民道歉》的作者野鹤讲过这样一个小故事：王屋山上有个说书人，他怀抱一把三弦琴，靠走村串户说书为生。王屋山方圆百十里的地盘上，家家户户都把他当成一个"宝"。婚丧嫁娶、起房盖屋、老人祝寿、孩子满月……村民们都盼望着能请他到家里来说上一场书。请的人多，这位说书人就一天两场、三场地赶场子。请他的农家用摩托车、三轮车、小四轮、农用车接他送他，甚至有的人家怕误场，提前一年跟他预订日子，付他定金。这位受欢迎的说书人说的自然是赵庄、钱庄的俗事，是孙家的长、李家的短。但是，他把自己融入了长长短短的俗事，让他自己也成了故事中的角色。

这个故事确实含义深长，对乡村文化建设不无启发意义。乡村文艺之所以受到村民的喜爱，是它源于生活而又反映生活，而这种乡村文艺戏曲往往具有很强的地域性特征。首先，其内容是乡土的，甚至就是村民身边的人和事，让人感到亲切、亲近；同样，演员就是村落里的村民，大家容易产生熟悉感、亲切感。其次，其形式是老百姓喜闻乐见的，像说书、地方戏、秧歌等，都符合乡村娱乐习惯。最后，就是演员忘我的感情投入，情真意切，"说起书来就什么都忘了"，能够打动和感染观众。这些特点以及所产生的效果，是专业性、表演性的舞台艺术难以达到的。此外，乡村文艺往往是村民利用农闲时节进行排练和演出，而演出内容反映的也是村落中大家熟悉的人和事，因此，乡村文艺真正是农民自己的文艺。村落节日与文艺活动不仅满足了村民的精神文化生活，还承载着传播和弘扬中华传统文化中优秀成分的重要任务。

第五章

乡风文明的抓手

　　有位作家曾说,我们每一个人,无论是我们的生命,还是心灵,必须拥有自己的故乡。在云南大理的古生村,习近平总书记与农民座谈时,称赞当地白族民居"这样的庭院比西式洋房好,记得住乡愁"。他指出,乡村建设要注意乡土味道,保留乡村风貌。在湖北峒山村,习近平总书记强调,建设美丽乡村不是"涂脂抹粉",不能大拆大建。故乡不仅仅是我们生命的诞生地,也是精神家园的载体。在故乡的老屋深宅,聆听祖训家规,沐浴风土人情,故乡承载着一代代人的乡土情怀、传统美德与精神风骨。如若失去了家园，我们就会像流水浮萍，心灵焦灼。人们之所以忘不了魂牵梦萦的家乡，是因为乡愁将我们与故土、先祖、传统文化连接在一起。如果看不到乡村的文化价值，无视乡愁所蕴藏的强大的生命力，就会无情地铲除传统文化赖以存在的土壤，让人们的记忆无处生根，让人的灵魂无处安放。因此，建设好乡村，前提是了解乡村。建设乡村文化，必须了解乡村文化价值。

人们常说，乡村是文化的宝库，乡村是传统文化的根。但是，如果追问"根在哪里？"恐怕一时难以回答。但这又是我们必须回答的问题。唯有把这个问题搞清楚，才能理解乡村文化价值所在，才能遏制乡村的进一步被破坏。这里，我们重点探讨三个问题：一是乡村到底有哪些文化？二是乡村文化得以存在的载体在哪里？三是各地乡风文明建设有哪些经验和做法？明白了这几个问题，乡村文化振兴就有了依据，乡风文明建设就有了抓手。

一、传统文化的宝库

2018年3月8日，习近平总书记在参加十三届全国人大一次会议山东代表团审议时强调："要推动乡村文化振兴，加强农村思想道德建设和公共文化建设，以社会主义核心价值观为引领，深入挖掘优秀传统农耕文化蕴含的思想观念、人文精神、道德规范，培育挖掘乡土文化人才，弘扬主旋律和社会正气，培育文明乡风、良好家风、淳朴民风，改善农民精神风貌，提高乡村社会文明程度，焕发乡村文明新气象。"那么，到底乡村有哪些文化？又有怎样的寓意呢？我们从以下几方面来探讨。

（一）农耕文化

广义的农耕文化，是指农民在长期农业生产中为适应农业生产生活需要形成的国家制度、礼俗制度、文化教育等的文化集合。狭义的农耕文化，是指与农业生产直接相关的知识、技术、理念与信念的综合，包括农学思想、栽培方式、耕作制度、农业技术文化、地方知识、农业信仰、农具文化、治水文化、物候与节气文化、农业生态文化、农产品加工储藏文化、茶文化、蚕桑文化、畜牧文化、草原文化，等等。农耕文化还包括农业哲学思想和农业美学文化。农耕文化是中华文化发展的重要根脉和基础，是现代社会发展中挖掘不尽的宝藏。

我国有丰富的农业文化类型，列入全球重要农业文化遗产名录的有18项，列入中国重要农业文化遗产名录的就更多，如浙江青田稻鱼共生系统、云南红河哈尼稻作梯田系统、内蒙古敖汉旱作农业系统、浙江杭州西湖龙井茶文化系统、河北宣化传统葡萄园等。其实，没有被列入重要农业文化遗产名录的优秀农业文化还有很多。农业文化在四个方面对乡村建设发挥作用：一是协调人与自然的关系。农业文化渗透着天人合一理念，体现尊重自然和利用自然的智慧。许多农业文化信仰维系了人与自然的和谐共生，成为保护环境和生态建设的重要精神财富。循环农业理念是现代可持续农业的模板，也是影响和规范人们养成珍惜和合理使用资源习惯的重要动力源泉。二是塑造人的良好品格。农业文化渗透在农事活动和农民生活方式之中，其教育与熏陶作用越来越受到人们的重视，农事活动本身就是实施教化的重要途径。三是增强凝聚力。无论是传统的小农生产，还是现代的规模化经营，互助传统、合作需求、生产经验与技术交流、生产示范都不会消失，而且还会得到不断强化。这个过程密切了村民彼此间的关系，增强了村民对社区的认同感和凝聚力。因此，农业文化也是现代合作文化的基础。四是促进农产品品牌建设。农产品品牌的创建不主要靠包装宣传，尽管那也是重要的，但是缺乏生命力。农产品品牌的核心是农产品所蕴含的农耕文化，当赋予农产品以文化内涵后，农产品就获得了文化价值。

今天，人们反思工业化农业导致的环境污染、土壤退化、生物多样性丧失等问题时，不由自主会想到从传统农业文化中寻找现代农业发展的理念。《四千年农夫：中国、朝鲜和日本的永续农业》作者美国富兰克林·H.金认为，中国、朝鲜和日本可持续农业经验对全人类都是有帮助的，应该成为西方向东方学习保护自然资源的第一课。面对工业化农业耕作方式存在的弊端，"回归自然"重新成为受人关注的理念。应该看到，中国博大精深的农业传统文化是个远没有全面揭示出来的话题，有些重要农业文化或许只有在消失之后，人们才能认识到其存在的价值，而有些东西一旦失去，几乎不可能再恢复。丰富的民间智慧是农民在长期的农业实践中形成的，是在常年与耕地打交道的过程中发现并归纳出来的。村落的存在是这些经验得以形成的前提，同时也是这些经验和其他乡土知识得以传承的基本条件。这也提醒我们研究乡村价值对农业的重要性。

中华民族创造了灿烂的农耕文明，也留下了丰富的农业文化遗产。

中央强调要深入挖掘农耕文化蕴含的优秀思想观念、人文精神、道德规范，不断赋予时代内涵、丰富表现形式，充分发挥其在凝聚人心、教化群众、淳化民风方面的重要作用。有人把农耕文化内涵概括为"应时、取宜、守则、和谐"，我认为可以从两个方面理解农耕文化所蕴含的农耕精神。

一是在自然观方面：突出表现在"顺天应时因地依人"的系统自然观①，即把握"天地人"的和谐关系。"顺天"即顺应天意，不违背天道，也就是要尊重自然、顺应自然、按自然规律来办事。"应时"即不违农时，春种秋收，按农作物生产规律安排农事活动，才能丰衣足食；"因地"即根据农业的地域性特点，依据地理环境、土地和气候条件安排产业类型。"依人"既包含生产要满足人们的需要，也包含了艰苦奋斗、自强不息的奋斗精神。农耕文明所蕴含的生态理念，以及丰富的农业生物多样性、完善的传统知识与技术体系和可持续的发展实践，为现代农业的发展提供了生态智慧。

二是在人文观方面：充分体现以民为本的价值取向。民以食为天，农耕文化不仅满足了人类赖以生存的最基本需要，也培育了劳动者诚实、勤劳、朴实、厚德载物、百折不挠的精神，形成了尊老爱幼、勤劳勇敢、吃苦耐劳、艰苦奋斗、勤俭节约、邻里互助等社会风尚和核心价值理念，造就了爱国、和谐、仁爱、友善的民族精神。农耕以土地为根本，人们自然对养育自己的土地怀有深切的感情。进一步发展为热爱国土、保护

---

① 赵建军、赵若玺：《农耕文化的伦理价值与绿色发展》，《自然辩证法研究》2019年第1期。

家园的强烈意识，形成心怀天下、心系故土的家国情怀。在长期的农业生产中，农民懂得对自然无节制的利用，必将招致自然界报复的因果关系。于是，在农耕实践中，逐渐形成了勤俭节约、循环利用的品质，成为当今可持续发展的文化源泉。

2018年，经党中央批准、国务院批复，将每年秋分日设立为"中国农民丰收节"。这一决定，传承了博大精深的农耕文明，弘扬了丰富而多彩的祈盼丰收的文化传统，对提升民族精神的价值认同、礼赞亿万农民的卓著贡献、弘扬中华优秀农耕文化具有划时代意义。农耕文明源远流长，农耕文化积淀厚重、璀璨辉煌，民间祝愿五谷丰登、六畜兴旺、风调雨顺、国泰民安的传统习俗绵延不绝，是教化民众的重要渠道。中国

山东省临沂市农民载歌载舞庆祝中国农民丰收节

农民丰收节的设立，以"节"为媒，引导人们回归田野、崇尚自然、关注乡村、感恩耕作、喜庆丰收，是一种陶冶精神的有效途径。

（二）乡村手艺文化

前面介绍了作为产业的乡村手艺。其实，乡村手艺很难严格划分出哪些是产业的，哪些是生活的。不论哪一类手艺，都像"以文载道"一样，其所包含的思想、道德、信仰、愿望等内涵，使手艺的价值超出其使用价值而成为教化的载体。就像木匠、瓦匠、石匠盖房子这样的技艺，有很多讲究，也蕴含了很多智慧，因此匠人们获得了村民更多的尊重。乡村传统手艺一般基于当地的自然条件和风俗习惯，并与乡村传统节日有机融合在一起，凝结了村民们敬畏自然、崇尚祖先的淳朴精神信仰与心理诉求，承载着乡村悠久的历史文化和民间习俗。有些专门为村民提供精神寄托和日常娱乐等方面需求的乡村手艺，例如，祠堂或寺庙里的雕塑和彩画，做寿衣、扎纸人，祭祀仪式中的杂技表演，民乐制作及表演、舞狮舞龙、地方戏曲、风筝、皮影、木偶、剪纸、对联、绒制工艺品、绢花、灯彩、彩扎狮头、面具、民间玩具等，凝结了村民们崇尚自然的"天人合一"精神信仰与淳朴的幸福心理诉求。蓝印花布上的佛手柑、桃、石榴等图案，寓意着福、寿、多子，希望人们一生幸福、子孙众多和绵延不绝。木雕糕点模子上"鸳鸯双喜""万年如意""聚宝盆"等图案体现了人们对婚姻美满、诸事遂心和财产丰富的愿望与祝福。《麒麟送子》《麻姑献寿》刺绣挂屏，《寿星》瓷塑，《天官赐福》纸织画，《一帆风顺》《车马平安》木版年画，等等，表达着劳动人民祈求美好、幸福生活的愿望。许多手工艺品散发着浓郁的乡土气息，丰富着村民的精神文化生活，伴随着乡村风俗活动而为乡村增添喜庆气氛，一直沿袭到今天。

乡村手艺凝聚的巧夺天工的技艺和浓郁的乡土文化，使其具备独特魅力。蕴含的村民文化价值观念、思想智慧和实践经验，体现着村民的创造性，凝结了村民的精神信仰与心理诉求，是乡村文化传承的重要载体。

首先，乡村手艺充分体现着劳动人民的智慧与创造。英国著名艺术家莫里斯指出，最卑贱的民间手工艺人也是艺术家。乡村手艺的价值不仅体现在征服自然的能力，也体现在精湛的工艺本身，还体现在匠人们制作的物品上带有的那种美好的气息。做陶器的，做银饰的，做皮具的，还有裁缝以及修锅补碗的，都像艺术家一般，受人敬重。乡村传统手艺是一种工与艺、德与美的结合，更是手艺人智慧与创造能力的集中体现。如陶器、木制家具、竹编（筐、篮、斗笠、席）、漆器、扇子、伞、蜡染、棉线织锦、帽、鞋等，它们是实用的，满足人们日常生活需要，而同时也满足人们对美的追求。手艺的智慧还表现在巧妙地处理工艺与材料的关系。如木匠能根据木材不同特性和纹理处理不同的结构，制砚师制造砚台时根据石头的材质和形状完成造型，玉雕师傅在琢玉时利用玉石的"巧色"做出既适应材料特性，又体现功能的手工艺品。既因材施艺，又巧夺天工。就说编织吧，乡村匠人们就地取材，于是有了竹编、苇编、草编和荆条编等，不仅可以编出筐篓、席子，还可编织出各类手工艺品。

其次，乡村手艺是传承工匠精神的载体。乡村手艺人喜欢不断雕琢自己的产品，不断改进自己的工艺，执着地追求手工产品的完美和极致，对自己的手工产品精雕细琢，精益求精。和手艺人交谈，他们总是对自己的手艺津津乐道，滔滔不绝地讲述自己如何解决了别人没有解决的手艺难题，所谓"三句话不离本行"。当制作的产品受到大家赞扬时，他们的自豪感和成就感溢于言表。这种对产品投入巨大感情的精神就是人们所说的工匠精神。中国传统手艺所蕴含的工匠精神，从众多的赞美工匠精神的成语中可见一斑，如精益求精、一丝不苟、千锤百炼、锲而不舍、匠心独运等。

工匠精神表现为严谨认真的态度，手艺人以追求完美为己任，为产品质量不惜花费时间精力。工匠精神体现为精益求精的技艺，工匠们养成了对工艺细节一丝不苟的执着追求，有些技艺可能需要几代人为之不懈追求，耐心、隐忍、毅力、专注，甚至是陶醉、痴迷，才能使一项工艺达到炉火纯青的程度。工匠精神还体现为不断地进取和创新，工匠们不断改进设计，不停止追求进步，无论是设计、使用的材料还是生产工艺，都在实践中不断完善创新。工匠们喜欢不断雕琢自己的产品，热爱自己所做的事，享受着产品在双手中升华的过程。

众多研究认为，手艺对人品格的塑造是全面而有效的。传授手艺不仅要传授产品构思、制作技能技巧，也要传授工匠品质，传递耐心、专注、坚持的精神。这种特质的培养，只能依赖于人与人的情感交流和行为感染，这是现代的大工业的组织制度与操作流程无法承载的。工匠精神的传承，依靠言传身教，依靠示范与坚持不懈的努力，依靠不断的体会和感悟。工匠手艺和工匠精神都是无法以文字记录，无法通过课堂讲授或以固定程序机械地实现传承，从某个角度上看，手艺不能像知识和科技那样代际积累，每一代人都要从零开始学习和体会。它体现着师徒制度与家族传承的历史价值。中国正在从制造大国向制造强国转型，重视培育精益求精的工匠精神，可以说是适逢其时。从这点来看，乡村手艺的传承有很强的现实意义和深远的历史意义。

（三）乡村景观文化

乡村景观是以农业活动为基础，以大地景观为背景，由聚落景观、田园景观、社会生活景观和自然环境景观等共同构成的，集中体现人与自然的和谐关系。广义的乡村景观包括的内容十分丰富，传统民居、田园风光、山水林田、耕作传统和种植模式、农事作业活动、各种农产品的贮存与加工方式、农业工具、农业机械、特色的农作物等，都是乡村景观要素。近些年各地热衷于举办各类农业节庆，有以花为主题的桃花节、梨花节、油菜花节、葵花节等，有以农产品为主题的苹果文化节、草莓文化节、南瓜文化节、葫芦文化节，以及稻米文化节、蔬菜博览会等，还有各类以农事活动为主题的采茶节、开耕节等。这些节庆由于蕴含了农业文化内涵，成了观光旅游的新业态，越来越受到城乡居民的喜爱。

梯田景观是最有代表性的乡村景观文化。云南的哈尼梯田、贵州的加榜梯田、广西的龙脊梯田都成了深受人们青睐的游览地。位于广西壮族自治区龙胜县东南部的龙脊梯田距今已有650多年历史，其规模磅礴壮观，被认为是世界杰出的稻作文化景观，是一部空前绝后的立体田园诗。龙脊梯田的画面常常出现在电视、报刊和各种广告与宣传品上，是中国的骄傲。有网友描述道，无论是春天、夏天，还是秋天、冬天，只要身处龙脊梯田就可以看到鬼斧神工的造型，都有如诗如画的意境，其规模和气魄之大、立体感之强、线条和色彩之美，其中蕴含的民族智慧，为天下梯田所望尘莫及，堪称世界之最。春天，水暖融融，青翠点染，波光粼粼；夏天，禾苗封行，黛绿浓抹，一层一层梯田似一圈一圈年轮，沿着山脊延伸到云端；秋天，像是金黄色的琴弦，散发着稻香；冬天，披着层层瑞雪的梯田变成一幅色彩分明的黑白版画。流光溢彩的龙脊梯田因天气阴晴变幻和云霞岚气的聚散，一日三变呈现出不同的神韵和情致。都说龙脊是旅游的天堂、摄影的圣地，一个美学意蕴永远摸不透的地方，一片千娇百媚永远拍不够的土地。但是，你知道梯田生态系统怎么维护吗？

当地村民给我们介绍了梯田生态系统与维护常识。梯田的保持最重要的是维护水系，山有多高，水就有多高，而水来自哪里？来自山顶上森林的涵养。农民知道森林的重要性，为了保持水源，他们爱惜植被，从不滥伐树木。水从山顶顺流而下，山上各处都有出水口，流下来的水通过梯田之间的沟渠，被引到一片片梯田，梯田灌满后水继续向下流到溪流中。稻田灌溉靠的是纵横交错的水网，任何一处坏掉，都要及时修好，否则会影响一大片梯田。护好田埂是很重要的，因为农民最担心的是田埂的干裂，如果有干裂，一遇到水就会渗漏，引起梯田塌陷，且一塌陷就是一大片。游客们很难想象，如此妩媚潇洒的曲线世界，如链似带的田垄从山脚盘绕到山顶，那行云流水的线条，那气势恢宏的规模，处处都离不开农民的辛勤汗水和呵护。

其实，农业劳作方式也可以成为景观。春天的耕田牛，踏水车的妇女，水田插秧的人群，剥玉米的老奶奶，都是劳动者留给人们的美丽画卷和挥之不去的乡愁。今天，再现这样的生产场景，竟然可以成为乡村发展新的经济增长点。

在贵州省黎平县有个"有牛哥"，他的名字叫杨正熙。2012年，杨正熙主动辞去乡党委书记的职务，作为农村科技特派员回老家创业，成为洋洞村有牛农业专业合作社创始人。他回乡做了件很轰动的事，就是恢复"有牛耕种"。牛耕文明在中国延续了几千年。虽然现在农业生产机械化水平越来越高，但一些地区因受地形地貌限制，仍保存有原生态的农耕方式，洋洞村就是这样的典型。这个处在大山深处、植被繁茂、清溪环绕、民风淳朴的侗族村寨，虽历经岁月磨洗，但农耕文化依然保存完好，村寨里家家户户饲养耕牛，被誉为"最后的牛耕部落"。杨正熙认为用传统方法耕作，更能体现产品文化特性。于是，他将选出来的稻种交给有耕牛的乡亲，用"牛草+牛粪+牛耕+放鱼+放鸭"的传统方式种植水稻。有牛农业不仅保证了农产品的质量，实现了多种经营，也保持了独特的农业文化，给游客提供了一道亮丽的景观。每当插秧季节，随着侗族妇女在坡上放声歌唱，洋洞村1008头黄牛在近千亩的稻田里同时耕作，"哞——哞——"声响彻山野，吸引了海内外数百名游客和农业专家、学者围观。农业劳作景观与自然景观的最大不同，在于人们可以参与其中，很多市民前来体验打浆、插秧、田中抓鱼、收割等劳动过程，游客体验农业劳作成为农业景观的一部分。这是农业景观富有吸引力的重要因素之一。

（四）乡村产品文化

乡村产品包括农产品（乡村土特产）、手工艺品和乡村美食，也包括现代产业提供的休闲、体验等新业态。乡村产品文化是指凝聚在这些产品中的精神文化，可以分为农业产品文化、乡村手工艺文化、乡村美食文化、村落建筑文化、乡村休闲与旅游文化等类型。每类产品文化都有丰富内容。以农业产品文化为例，从农作物的开花到结果，再到对农产品的加工，都被赋予了丰富的文化内涵。如赏花文化、果实文化、茶文化、酒文化、面食文化等。

这里，我们以桃文化为例，介绍农业产品文化的丰富内涵[①]。

中国的赏花文化由来已久，但把大规模的农业花海作为大众旅游项目，却是近些年的事情。目前的赏花节可谓是五花八门。桃花节、杏花节、梨花节、葵花节、油菜花节、牡丹花节，甚至苹果花、樱桃花、土豆花都可以成为赏花的内容。其中尤以桃花节为最盛，在全国各地均有举办，如四川成都，安徽黄山、马鞍山，上海，山东肥城，湖北杨店等。北京平谷是中国著名的大桃之乡，22万亩桃林堪称世界最大。北京平谷国际桃花节已经成功连续举办20多届，是京津地区著名的春季旅游活动。以花为媒，振兴新村，实现了经济效益和社会效益的双丰收。每年4月中旬，正是平谷桃花盛开之时，数万亩花的海洋，十分壮观。桃花有哪些寓意呢？

其一，桃花寓意一年伊始。桃花是有温度的，它选择在阳春三月、

[①] 李珍珍：《桃文化及其在观光园中的景观应用》，硕士学位论文，河南农业大学园艺学院，2017。

春回大地的日子里盛开,传递温暖和希望,从第一朵桃花点亮娇蕊,就注定了满山遍野的燃烧、春光灿烂的盛世。因此,在大自然的众多花卉之中,桃花最能代表生命和活力。春寒料峭中含苞待放的美丽桃花,预示了冬去春来,让人赏心悦目、心旷神怡。古往今来,不少文人墨客以桃花描写春景之美,寓意着希望和兴盛,带给人们无限美好的遐想。

其二,桃花被用来比喻女性。在传统意象中,花卉自有一套语意系统,在常见的花卉意象中,梅、兰、竹、菊被赋予的是文人风骨。而桃花与女性是连在一起的,《诗经》中即有精彩描述,形成广为人知的桃花即女性的隐喻。赞誉美人常有面若桃花的说法,大概是因为桃花的颜色与少女白里透红的肤色类似,就如春天河岸的袅袅柳丝会让人想起女子的婀娜身姿,因为柳之美主要体现为枝条的柔长。而桃花是春天的象征,桃花之美感主要体现为花色妍丽,姿容娇媚,这种自然特质与美感极容易使人联想到青春曼妙的女子容颜[①]。于是,文人们以桃花来歌颂爱情。"桃花运"就是人们熟悉的爱情的代言词,象征着爱情顺风顺水、情场得意。

其三,桃源意境。在中国桃文化中,"桃源文化"在人们心中有着举足轻重的地位。陶渊明从渔人的视角描写了一块理想乐土——与世无争、恬淡宁静、生活安逸的桃花源空间,成了人们心目中的"乌托邦",给人们带来对理想社会的无尽美好想象。取材于陶渊明《桃花源记》的绘画作品也极为盛行。现流落于美国波士顿美术馆的明代画家仇英的《桃源

[①] 渠红岩:《论传统文化中桃花意象的隐喻意义》,《南京政治学院学报》2012 年第 1 期。

图卷》，前景有小桥流水、过桥童子、古松和桃花树，右部溪水中隐约有一条船，中部和左部绘桃源景色，屋舍俨然，重岩叠嶂，良田美池，往来种作。在绿色的映衬中，三位沿溪而坐抚琴的白衣高士显得尤为突出，刻画得极为逼真、传神，传达出他们肆意不羁的个性。

其四，桃文化辟邪信仰。中国神话将桃木奉为神树仙木。基于神话中桃木辟邪的传说，古人产生了用桃木辟邪、驱鬼的联想。宋代王安石的《元日》诗："千门万户曈曈日，总把新桃换旧符。"早期的桃和符是分开的，桃即以桃木雕立于门前；符是指在门上画上门神，后来桃符合二为一，逐渐演变成今天的大年三十贴对联、贴福字。人们相信在门边放置或在家中悬挂桃木制品，有驱邪辟鬼、安家保宅功效。很多乡村至今依然保留着旧时的习俗。有用桃核雕刻成的工艺品，雕上飞禽走兽，做成桃核念珠、手镯、小篮等挂在小孩身上，为孩子祈福，依然反映着"桃核辟邪""桃筐拴孩"的信仰。

其五，果实文化。在漫长的农耕文明形成过程中，人们赋予了农产品果实诸多的寓意，寄托着对美好生活的期望。其中赋予桃子的寓意十分深刻。从最初发现桃子具有的止饥解渴功能，进而发展为"长生不死"的仙家之品。民间为老年人祝寿活动离不开桃子，称为"仙桃""寿桃"。在山东等地，至今还保留着用面制作"桃饽饽"的传统，就是把馒头做成桃子的形状，用来为老人祝寿或作为赠送亲友的礼品。就连西方文化的生日蛋糕，到了中国也做成了中西合璧的寿桃形状。此外，桃还具有多弟子的象征意义，人们用"桃李满天下"形容长者或老师所培养的众多精英后辈和学生，遍布各地。

除了桃文化，其他农产品也都同样被赋予了丰富的文化内涵。如今特别强调品牌农业、融合农业，其中赋予农业和农产品以文化内涵，是最有效的融合方式，也是提升农产品品牌价值的最佳途径。以"寻梦桃花源"为主题的桃花节，不仅可以赏花，还可体验，思考人与自然的关系，启发人们秉持科学的生活方式。以"桃花源里人家"为主题，多方位展现世外桃源、画里乡村的醉人风光和风土人情，如果再融入桃的深层次文化寓意，使之与人们的体验、修养、信仰、艺术创作与欣赏结合起来，则更会创造心旷神怡的文化环境。

（五）乡村节日与习俗

传统生活习俗是由一个地区自然生态环境、经济环境、社会环境所共同决定的，是该地区居民生活方式的反映。生活习俗具有明显的地域性，故有"三里不同风，五里不同俗"的说法。村落习俗是村民自己对作为本村成员身份的心理确认。这种祖祖辈辈流传下来的心理认同，是一种向心力和凝聚力，能从人的心理深层唤起对村落利益的关心。生活习俗作为生活中的文化现象，包括生老病死、衣食住行、婚丧嫁娶的习俗，以及宗教信仰等广泛内容。一些习俗仪式给予人们心理安慰，让人内心平静，寄托希望，让生活更有奔头。村落习俗对人们的价值观、为人处世的原则和行为产生着重要影响。因此，如何传承习俗的社会功能，并通过移风易俗使之发扬光大，是乡村文化建设的重要内容。

1. 习俗文化的三大功能

其一，习俗是维护村境意识的惯制。这是一个村落成员从乡土观念衍生的维护全村利益的一种惯俗，它由传统地缘关系和强烈的乡情村境意识所决定。从这种意识出发，各家各户对村落所拥有的土地、山林、水域都有一定监护的权利和义务：对邻村采取防范措施，以抵制对本村的侵害；对村境内的公益设施负有维护修建的义务，如道路、桥梁、水井、河塘、水库、护村林等的修造。随着时代的发展，传统维护村境的旧制度已经成为历史陈迹，但这样的习俗传统是今天村民自治的重要基础。

其二，习俗具有组织乡里协同生活的功能。如丧葬大事的协力互助，大部分情况下，乡村的丧葬几乎是全村出动，从报丧、搭灵棚、烧纸、做饭，到参与各种仪式，甚至所使用的桌椅板凳、锅碗瓢勺等也是由各户提供的。修建房屋时协力互助是经过很多世纪流传下来的传统，特别是建房上梁、盖顶时，全村劳力会出动帮工。耕种收割等农忙时的换工互助，也是千百年来的协力习俗。在这些习俗中，人们传递的不仅是协作与互助观念，还包含了对礼仪的理解和为人处世方式的熏陶等丰富的内涵。遵循传统协同合作理念建立现代农业合作组织，往往会取得事半功倍的效果。

其三，维系村落共同生活秩序的功能。在中国，村管理的惯制有以下五个方面的内容与形式：一是村议事，这是由村中各家族有威望、有影响力的长者组成村老会议，或召开全村性会议，决定本村内外公益事务。二是制定村规民约，这是村民自我教育、自我管理的传统民俗。村民自己决定自己的事务，自己讨论要遵守的行为规则，容易获得一致的认识，以形成自觉行动。三是村制裁，这是对村内成员的惩罚事务，一般是罚钱、粮、物。如今，这项功能已经不存在了，但是"入乡随俗"

的文化依然发挥着作用。四是村调解，这是村制中调解村内各种纠纷的一种职能，是村管理的重要方面。村调解可以把矛盾消灭在萌芽状态，同时又顾及多方的面子，维系社会和谐。五是村保卫，这是共同抵御外来侵扰。在维系乡村社会秩序过程中，村民形成了群体意识，获得了参与观念，增长了议事能力。

2. 乡村节日习俗的乡土特色

中国传统节日习俗，随着一年四季的变化和农事安排需要，形成了一系列丰富多彩的节俗活动，表现出鲜明的农业特色。从以下节俗活动可见一斑。春节前后的立春节，看风云，占天候，预测年岁丰歉。农历二月惊蛰节令到来，民间有预防虫害、预卜收成好坏的习俗。农历三月清明、谷雨前后是春耕播种的大好季节，不少节日，如踏青节、禹生日、麦王生日、龙王节、清明等节日活动都与祈求丰收有关。农历四月立夏的节俗活动，大都围绕各地生产特点进行。农历五月夏之初，各种灾害较多，俗称为"恶月"，其节俗活动多与防病、除害有关。许多地方在夏至有"祭田婆"、摘新谷祭祖的习俗。农历七月七日乞巧节，是从牛郎织女神话传说演变而来的妇女乞巧习俗，反映了男耕女织的经济生活。农历八月是一年中的收获季节，农民用新谷祭拜祖宗和酬谢家神。中秋节赏月、拜月、赏桂，是与喜庆丰收相关的习俗。农历十月一日，一些地区的农民庆祝牛王生日，广东地区有对牛不穿绳的"放闲"习俗。这是农闲时向牛酬谢的表现，是古代牛图腾崇拜风俗的遗留。

3. 习俗文化内容的复合性

习俗是内容最丰富、涉及领域最广泛的乡村文化，几乎涵盖了日常生活的方方面面，在满足人际交往、精神需求和维护社会秩序等方面发挥了不可替代的作用。习俗与节日又往往联系在一起，或者说习俗是民间节日的重要内容。乡村的节日名目繁多，不仅有多民族的共同节日，如春节、元宵节、端午节、重阳节等，还有各民族自己的特殊节日，如傣族的泼水节、侗族的斗牛节、苗族的芦笙节等。如今的村落，不仅有传统节日，如二十四节气、七夕节、重阳节，也越来越盛行过现代节日，如国庆节、劳动节、儿童节等。节日风俗的内容，有的是有关生产方面的，有的和祭祀有关，有的具有表彰、庆贺性质，有的则是礼节往来的。除了公共节日，还有自家人的纪念日等。村落节日宛如一幅历史文化长卷，其间充满着诗情画意，包含着丰富的信仰和礼仪形式。

当谈论一个节日的时候，必不可少的话题就是：它的时间是在哪一天，它有什么样的习俗形式以及有怎样的文化内涵。事实上，这两个话题所涉及的就是节日的两个基本构成要素：一是节期，即相对固定的一段时间；二是表现一定文化内涵的节俗活动。节日的内在规定性正是在这两大要素共同起作用的情况下形成的。中国的节日区别于日常生活的首要表现，就是具有丰富的节日文化活动，其中一个重要特点就是其内容的复合性。作为一年之首的春节，从社会文化的门类说，它包括经济、宗教、伦理、艺术、技艺等活动。它是许多文化活动的集合体，被认为是民族文化的一种展览会。端午节也具有显著的综合性，既有划龙舟、吃粽子等活动，又有饮雄黄酒、插艾蒿、挂蒲剑、贴钟馗图、小孩佩香囊和穿老虎图案腰肚，以及出嫁了的女儿回娘家、邻居互送节日礼物等活动。清明有报农时和祭祖功能。清明最早是农事节日，一些关于清明的农谚，比如说"清明前后，种瓜点豆""懵懵懂懂，清明下种""清明谷雨两相连，浸种耕种莫迟延"等，显示了这一节气特点，提醒耕者勿忘农时。这些都说明清明节气具有报农时的作用。之所以把"敬老"也放在这个节日里，是因为在自给自足家庭经济形态下，由于生产经验是最重要的东西，而经验丰富者多为老人，老人就是"财富"，因此，人们总是把风调雨顺、五谷丰登的希望寄托在老人身上。

（六）乡村艺术

乡村艺术领域十分广泛，不仅包括诸如二人转、山歌、民乐、地方戏、说书、舞狮舞龙、杂技等表演类活动，也包括皮影、剪纸、编织、绣花、布贴画、泥塑、糖人等手艺。很难统计乡村艺术到底有多少种，有艺术家形容中国民间艺术的种类比大地上的野花还要多，其中不乏"绝活"，是中华文化之瑰宝。乡村艺术是生活文化，有些就是生活需求本身，如农村妇女纳鞋垫、制作布鞋、织毛衣、做窗帘、刺绣、美食制作等；有些既是制作的生活必需品，也是为满足精神享受或信仰需要而创作的艺术品，与民俗融合在一起，如年画、剪纸、玩具等。

当前的乡村艺术正处在两难之间。一方面，面临社会的急剧变化，人们的生活方式、审美观念正在发生转型，民间文化受到空前的冲击，乡村艺术后继无人。一些承载着民族文化地域特色的非物质文化遗产，如皮影戏、木版年画、龙舟鼓、剪纸等，面临失传的危险。各地民间的刺绣、泥塑、面塑、烙画、年画、民歌、书画、曲艺、民间文学等，有些甚至已经濒危或正在消亡。乡村文化冷清凋落，缺乏促进气氛。人们用"早上听鸡叫,白天听鸟叫,晚上听狗叫"形容出当前农村文化的弱化、乏味。另一方面,人们呼唤乡愁,要求保护、传承乡村艺术的呼声不断增长。我们欣慰地看到,一些古老的乡村手艺正在以崭新的面貌成为有吸引力的产业。

乡土文化和艺术往哪里变?当失去乡村文艺生存土壤时,我们是为它培土,还是把它移植到别的方向,这是迫切需要思考的问题。

著名学者周汝昌曾评价春联是举世罕有的最伟大、最瑰奇的"全民性文艺活动"。有句俗语:"有钱没钱,贴对子过年。"中国人自古乐观的思维观念,就是寄希望于未来,祈盼来年会给自己带来好运。俗话说"一年之计在于春"。无论在过去的一年里有什么不如意的事,人们总是相信未来的一年会过得更好。因此,在新春即将到来之时,贴春联恰好是满足这种期望的最佳选择。他们借助于春联或表达对过去的一年的欢喜、幸福和成就,或表达对新的一年的期盼与厚望。在人们的传统的观念里,一年中有个好的开端是最惬意、最吉利的事,因此,每到春节,人们就通过贴春联表达自己的美好感受和对未来的一种祈福。一般农家贴春联,都表达盼望来年风调雨顺、五谷丰登、六畜兴旺、合家安康的意愿,如"人勤三春美,地肥五谷丰""栽树种茶山聚宝,放鱼养蟹水藏金"。除各家门口要贴春联外,猪舍、鸡鸭舍等处也要贴对联,寓意"六畜兴旺",意思是各种牲畜、家禽繁衍兴旺。除此之外,还有灶王爷的春联"上天言好事,下界降吉祥",意为灶神上天后向玉帝汇报时多说好话,下凡回来后多降吉祥,俗称"送灶神";土地爷的春联"土中生白玉,地内长黄金",意为只要辛勤劳动,就能在土地中得到收获;

天地爷的春联"天高覆万物，地厚载群生"，短短十个字，把天地间的一切全都包罗了进去。院子里的大树需贴上"树大根深"，大门的墙面需贴上"春光明媚"，靠炕的墙上贴上"幸福健康"，厨房里需贴上"勤俭节约"等，到处是红红的春联。

春联多是辞旧迎新的抒怀，但也往往具有怡情、言志的功能，还有记事、警世、宣教之功效。春联还可以折射出历史和时代的变迁，反映社会的发展变化，从中能触摸到历史的脉搏，感受到时代的气息。人们也常常借助春联表达情感和传递友情。送给朋友或邻里一副内容贴切、雅俗共赏的手写的春联，不仅能表达美好的祝福和愿望，也能体现乡村社会中温情脉脉的人情关系。而今，即使在农村也很难再看到手写的春联了，千篇一律的印刷品给人一种冰冷和呆板的感觉，这或许就是时代文化的一种折射。

如今，村里的春联变得五花八门。这些年乡村的一些新房子，大门口直接是用瓷砖镶上了楹联。过年的春联都贴在里院的门上。购买春联，省时、省力，这样的春联做工考究、工艺先进，什么烫金、激光、印花、凹凸等技术，使春联看上去更像一件工艺品，并且催生了春联产业的发展，涌现出了许多专门生产春联的工厂。表面看来，这好像是一种进步，但从春联的实质上来说，却是文化的丧失。写春联、贴春联、赏春联不仅能给佳节增添喜庆气氛，也是一项群众参与程度极高的活动。失去春联文化的广泛参与性，也就失去了它独特的魅力。

在农业文明时期，过年时正是农闲，大家利用这段时间用写春联、赠春联的方式联络感情。每逢过年，一家人大年三十一整天都围在一起想要写出一副精彩的春联。思索总结这一年的收获，对明年的期待，遣词造句。写好拿到门外，比一比今年写得有没有好过去年。大家在讨论和裁纸、熬糨糊、贴春联中享受着过年的乐趣。而现代社会人们过的是一种快速生活，过年也未必有时间全家人好好坐下来聚一聚，有很多人还在忙碌、加班。现在的娱乐方式多样化了，春联所起的作用在逐渐减弱。

虽然春联看似春节气氛的一种符号，但是这种习惯力量依然十分强大。观察发现，乡村几乎所有家庭还是在自家门上贴上春联，除旧迎新，无论是年久失修的小瓦房、茅草屋，还是别墅的大门，新春前夕，随处都能找到春联的踪影。在搬进单元楼后，甚至人们依然保持着这种习惯，或把春联贴在楼道里，或把春联贴在阳台上——尽管已经远离了乡村的喜庆气息和氛围。从春联的内容上看，对未来美好希望的本质没有变化。过去人们关注的是同农业生产息息相关的天气、收成，以及家族人丁的延续、家族的声望等内容。今天人们关注出入平安、提高收益、身体健康，怀念田园生活。

关于乡村文化的保护，最近时髦的做法是把乡村手艺、乡村文艺产业化，或与乡村旅游相结合。常见的口号是把乡村文化产业"做大做强"。如果乡土文化产品失去了理性的、情感的和地域的特色，变成可以机械制造的、千篇一律的、商品化的东西，还是乡村文化吗？更严重的问题在于，乡土文化的建设者并不知道他们手中的艺术具有什么价值。冯骥才曾在杭州"中国艺人节"上演讲中谈到关于乡村美术保存的观点①,尽管他说的是乡村美术,但是其原则适用于所有乡村文化的保护。

冯骥才认为,民间美术要为弘扬整个民间文化服务。我国的许多民间美术都是民俗生活中不可或缺的。比如婚丧民俗,再比如节日民俗,都有许多喜闻乐见的民间美术品。由于时代生活及其方式的改变,已不适用。比如,由于现代家居装修风格的改变,很少有对开的大门了,原先那样的成双成对、驱邪迎福的"门神"已无处可贴,而且现在的门框太窄,对联难以粘贴;再有,手工年画也无法像以前那样粘在墙壁上。可不可以做些改良呢?比如,把门神作为一种传统的吉祥图样,改成小型单幅,装饰在门心(房门的正中)上,行不行?这两年春节时一些地方出现了一种"生肖剪纸",专门贴在门心上。比方今年是猴年,一只聪明活泼的猴子的剪纸贴在门上,明年是鼠年,再换一种聪明机灵小老鼠的剪纸。年年更换,惹人喜欢,很受欢迎,既弥补了门神的缺失带来的节俗的缺失,又为剪纸找到一个新的"生活岗位"。民间美术本来就是民俗用品和生活文化,离开民俗就如同离开母体,孤立难存。民间美术要在设法丰富和加强民俗生活中,重新找到自己的存在价值。近十多年来,天津的剪纸市场(天后宫剪纸)之所以蓬勃发展,主要是剪纸艺人千方百计把剪纸与生活方式紧紧连在一起。比如这两年,一种两三厘米见方的"福"字很流行,它是专门贴在电脑屏幕上方的。别小看这小小的"福"字,它承载了数千年的年的情怀,可以一下子将当代的生活点燃起来。它还使我们明白,在时代转型期间,其实不是人们疏离了传

---

① 冯骥才:《传统民间美术的时代转型——在杭州"中国艺人节"上的演讲》,《广西师范学院学报(哲学社会科学版)》2008年第2期。

统，而是传统的情感无所依傍，缺少载体。如今，传统节日是法定休假日，传统节日还在复苏，各种节日的民间美术不是有了很宽广的用武之地吗？

另一个重要问题，传统民间美术到了今天，正在发生一种质的变化，由日常使用、司空见惯的寻常事物，悄悄转为一种历史的纪念、标志、符号、记忆，乃至经典。就像马家窑的陶器，原来只是再寻常不过的盛水的容器，现在却被视为尊贵，摆在博物馆的玻璃柜中，还要装上报警器保护起来。现在不是已经有人开始把老皮影、手工版画、古代女工的绣片、朱金木雕的千工床上的花板，装在考究的镜框里，用来装饰豪华的酒店吗？据说对这些古老艺术品感兴趣的多为外宾。他们把这些艺术品当作东方古老文明一些美丽的细节。但我们自己为什么没有这么看这些昨天的民间美术呢？也许这些东西离开我们的生活还不久，我们还不能历史地看待它们。但随着时间的推移，我们也会渐渐将它们珍视起来。这就是说，传统民间美术到了明天，不再是能不能被应用，而是要转化为一种历史记忆和文化经典。文化的转型和文化观念的转变应是同步的。最理想的是超前，最糟糕的是滞后。观念转变了，眼前的路就会无比宽广，转型就容易得多。

再一个问题，就是将民间美术与旅游文化相结合。乡土艺术最能成为旅游纪念品——这是由乡土艺术的地域性所决定的。如河北蔚县的剪纸、甘肃陇东的布艺、河南淮阳的泥泥狗、河北武强的年画、江苏苏州的刺绣等，已成为当地著名的旅游纪念品，十分受欢迎。不过，现阶段人们还没有认识到乡土美术在旅游文化中的特殊价值，或者还不知道怎样使乡土美术成其当地的旅游文化的一部分。

（七）村落娱乐

乡村繁重的农业劳动、琐碎的家务，使人们需要通过娱乐活动缓解和释放压力，以获得精神的愉悦。于是在乡村发展出丰富多样的娱乐文化。很多乡村娱乐是与乡村艺术合二为一的，如地方戏、杂耍、游戏、舞蹈、民间体育、故事、评书、民歌、乡土文学等文化类型。诸如扭秧歌、踩高跷、放鞭炮等民俗活动，以及节日庆典都是乡村娱乐文化的重要组成部分。我们常用"喜闻乐见"形容村落文化形式，反映的是村落娱乐文化的乡土性和参与的群体性的特点。乡土性不仅指文化内容是乡土的——因为它直接来源于老百姓的生活，同时娱乐文化形式也是乡土的，最接近老百姓的劳动和生活习惯，像唢呐、快板、评书、相声、小品、对歌等，很多娱乐形式都来源于生活，不需要道具和舞台就可表演。所谓群体性，是指村落娱乐文化具有广泛参与和互动特点，就像聚在一起打牌聊天一样，每个人都是平等的参与主体，秧歌、花会、庙会都是以大众参与为特征的。即使是看戏，在村落中抱着孩子围着戏台看戏与城市人坐在剧院看戏也具有不同的性质，前者具有群体参与性质和互动，后者则完全是属于个体性的。

村落娱乐文化除了娱乐功能，还是实施教化的有效途径，即所谓寓教于乐。寓教于乐通过感化、榜样和鞭笞对村民的精神文明、道德情操产生影响。特别是村落中自编自演的节目，其内容大多是以自己的生活和村里发生的事情为题材创作的，或歌颂称赞好人好事，或鞭答丑事恶俗，都会给台下的农民留下深刻印象。节目或故事所传达出的对人的教导、感化意义会延续到村民的日常生活当中，并潜移默化地影响着他们为人处世的方式。娱乐文化之所以能够发挥教化作用，是因为在一种文化环境中成长起来的村民有着很深的认同感，他们的价值观具有一致性和稳定性，通过文化活动弘扬敬老、诚信、互助等传统美德，总能得到大家的认可，于是就逐渐成为村落文化的主旋律。不仅如此，开展村落娱乐文化活动有利于将党和国家的方针政策

寓教于乐的村落娱乐活动（李树田提供）

传递到农村，把惠农政策、法律知识、国家大事等，以村民喜闻乐见的文艺形式表现出来，村民在娱乐的同时，接受和理解了党和政府的相关政策，比纯粹的说教要有效得多。此外，村落娱乐文化在增强农民的凝聚力、重现乡村生机、进一步实现乡村整合方面也具有显著作用。在共同参与的文化活动中增强了农民的集体荣誉感，加深了村民对村落的认同感和归属感，有助于恢复乡村的活力。村落文化娱乐在促进交流信息、密切感情、消除隔阂、化解矛盾等方面都有其独特的作用和效果。

二、乡村文化的载体

我们以上列举的乡村文化内容，只是以点带面举例介绍而已，旨在启发人们思考乡村文化的包罗万象和博大精深。人们常说的一句话——乡村是传统文化的根。中华民族以"崇尚道德"和"礼义之邦"而著称。爱国、诚信、厚仁、重义、敬亲、贵和、求新、好学、勤俭、奉公等优秀品质，经过数千年的不断陶冶、实践和发展，已经融入中华民族的血脉，成为中华民族精神的不可分割的组成部分。在乡村，尊老爱幼、上慈下孝、邻里互助、诚实守信等优秀品质，在任何时代都不会过时。但是，这些文化的载体在哪里？优秀传统文化存在于什么地方呢？这些问题却并不容易回答。乡村破旧的土坯房是根吗？低矮潮湿的茅草房是根吗？联想起古村保护的"一草一木都不能动"，还有"修旧如旧"，甚至"修新如旧"的乡村建设口号，似乎只有旧的才是文化。这是对传统文化的极大误解。因此，我们必须认真研究传统文化的载体，唯有彻底明白了这个问题，才不至于出现建设性破坏，才能把乡村文化保存好、利用好、发展好。

任何文化都需要特定载体，中国传统文化的载体就在乡村。由于传统文化内容包罗万象，每一类文化的存在空间、呈现形态都是不同的。如邻里互助文化与地方戏曲的载体不同，手工艺剪纸与编织存在的条件也不同，婚礼、葬礼与美食文化传承的空间也不同，诸如此类，难以穷尽。这里，我们仅从乡村民居、乡村生产与生活这三个方面对乡村文化的载体意义进行论述，旨在帮助人们认识乡村的存在对传统文化载体的意义。

（一）乡村的空间形态

乡村空间形态是乡村文化得以存在的物质载体。乡村空间由村落边界、民居、院落、街道、路口、公共建筑、祠堂、庙宇、基础设施、公共空间、村落形状等构成。建筑学上提出的建筑叙事的概念，当然不是有人理解的那样，让建筑再现文学作品内容，也不是建个影视城让人看故事，而是指建筑本身所具备的对人的心理和行为的影响，或感化、或感染、或教育。通过建筑表达一种理念，传达一种观念。建筑是可以叙事的，有些地方庄严肃穆，有些地方却轻松愉快。中国传统园林就有"境生象外"的功能，营造诗一般的意境、画一般的情趣，甚至匾额楹联的使用都起着画龙点睛的作用。置身其中，让人情不自禁、不由自主，这就是建筑对人的教化作用。其实，乡村建筑，哪怕是简陋的民舍，都有着丰富的叙事功能。我们以孝文化的保存与传承为例，阐述乡村空间文化载体的意义。

"孝"作为一种信仰和行为准则，对和谐社会构建的现实意义是显而易见的。孝文化有助于提升个人修养，在孝文化的熏陶下，个人能够做到"上不欺天，下不害物，内心平和中正，自立利他"，人们的精神、信仰和修养就达到了新的境界。孝文化有助于规范家庭成员长幼有序，培养尊老爱幼的美德，家庭和睦也因此顺理成章。当尊老爱幼的孝观念扩展到人与人之间的关系时，人们相互之间友爱与尊敬就蔚然成风。孝文化也是爱国情怀的根源和动力，对凝集民族精神意义重大。当今社会，孝文化如何传承与保存，是一件极具挑战性的工作。那么，乡村哪些地方可以成为孝文化传承的载体？

首先是农户院落。在华北地区，就是普通的三间坐北朝南的房子，也很有讲究。中间一间称为中堂，是民宅的中心，功能最为复杂，堂桌上供奉着"天地君亲师"（当今大都改为"天地国亲师"）的神位。在"天地君亲师"排位的左侧，供奉的是祖先，右侧多供奉灶王或观音。有的家庭把先人的画像或照片也挂了上去。在所供奉的牌位的两侧，一般挂有堂联，比如"天高地厚君恩重，祖德宗功师范长"等。这是家中最重要的地方，逢年过节，敬天地、拜祖先、供奉家族牌位以及烧香磕头等活动都是在这里完成，是举行家庭祭祀和重大仪式的场所。中堂同时也是家中长辈见客人的地方。按传统礼仪，不仅主人与客人的位次颇为讲究，长辈和晚辈的座次也有严格的规定。东西各一间卧室，东侧为上，是家庭中长辈住的，西侧为下，是晚辈住的。如果有厢房，则正房长辈居住，厢房晚辈居住。可见，传统民宅建造不但为人们提供日常居住和审美的需求，而且把长幼有序的伦理隐喻性地镌刻在民宅建筑中，并赋予民宅建筑严格、深刻的道德规定。

普通的农家院落也蕴含着天人合一理念

其次是村落的公共空间。公共空间包括传统的祠堂、庙宇、戏台，现今的文化礼堂、文化大院、活动中心、敬老院以及其他标志性建筑等，大都具有孝文化传播功能。特别是祠堂，作为家族的重要标识之一，对孝文化的承载已有太多的研究成果。祠堂作为重要的家族象征符号，依靠"尊祖敬宗"的孝道，渗透着崇老、敬老理念，把后人与祖先、个人与家族置于血缘脉络系统中，通过树立家族权威与伦理观念，伸延传统敬老、养老观念。祠堂建筑威严，宗族中的每个人对祠堂都有敬畏感，祠堂在建筑上采用多种手段来强化这一效果。一方面，祠堂建筑上的装饰与梁上的匾额、题跋、装裱"状元""进士""左丞相"之类的功名牌匾，还会悬挂有"孝义""忠慈"字样的匾额等来提升祠堂的地位。尽管这些匾额是个人"功名""品德"的荣誉象征，但实质上凸显了家族祠堂的地位。当祠堂与家族个人功名、孝道精神人为挂钩后，便自然而然地将有无对家族贡献作为衡量家庭成员地位的标志。由此，祠堂与家族中的重要人物形成等价，导致祠堂在成员心目中权威上升。另一方面，祠堂是惩恶的重要载体，而"不孝"是"恶"的重要内容。过去祠堂内部都悬着藤条，祠堂正厅立有石柱。凡有人严重违背家规、族约，都会被捆在石柱上，用藤条抽打。不孝敬父母被列为首条重罪，严重者甚至要驱逐出家族。祠堂作为建筑实体勾连着孝道观念与人伦秩序，以此为中心，凝聚着整个家族，支撑了孝文化的传承。

最后是祖坟。对中国人而言，"生养死葬"是最正常的生命历程，"事死如事生，事亡如事存"是中国人对待死者的终极态度。很长一段时间里，作为亡灵的坟地，在乡村社会具有特殊的社会功能。坟地安放着死者的灵魂，寄托着子孙的哀思，是村民"慎终追远"行为的具体场所，是维系农民本体性价值的重要社会空间。在具体日常生活中，这既表现在一系列严整的丧葬礼仪里，更体现在葬后的日常祭祀中[1]。尤其是日常祭祀，是寄托生者的哀思与感恩、表达代际永远无法报答的"情

---

[1] 焦长权：《魂归何处："阴宅"的法律属性与社会功能初探》，《中国农业大学学报（社会科学版）》2013年第2期。

债",并达成生者日常生活中的心灵平衡的重要手段。

(二)乡村的农业生产

首先,农业生产是传承农业文化的重要载体,有以农民为主体的乡村生产方式存在,农业文化就能存在、传承和发展。农具的使用、地方品种的延续与更新、地方栽培措施、特殊的农业制度等,都是在特定的农业生产过程中得以存在的。显然,没有了农民种养结合的农业生产方式,种养之间循环利用的农业文化就难以存在。当用千篇一律的标准化农业技术代替传统经验后,具有地方特色的农业文化就会消失,诸如稻田养鱼、梯田生态系统等文化遗产就失去了存在和传承的空间。我们并不是强调机械地维系传统农业方式,而是主张尽可能因地制宜地给传统农业生产方式留下存在的空间,并能够从中不断汲取智慧,为发展现代农业服务。当我们还没有来得及研究和发现农业文化重要价值时,就急急忙忙消灭它,是十分愚蠢的行为。

其次,农民为主体的农业劳动有助于保存互助文化和促进劳动经验的交流。人们只要从事农业生产活动,就需要经验的交流,无论是从事传统农业,还是所谓的现代农业。我们做了一项调查,调查对象是有一定规模的家庭农场主,调查内容是生产中遇到问题如何解决。结果发现,农场主的微信群是解决生产问题的最有效途径。有谁在农业生产上遇到问题,在群里提出来,一些高手就凭自己的经验支招,大多问题就迎刃而解。这种交流是传统邻里之间进行生产经验互动的升级版。

最后,农业劳动维系文化的代际传递。传统社会,土地是由父辈传给子辈的，土地就是财富，是生存立命之根本。父辈不仅掌握着土地的分配，还掌握着生产技术（主要是经验）的传授，这都需要子代向老一辈请教和学习。子代需要在两个方面承担责任：

一是承担经营和维护土地的责任。上辈给下辈留下的最为重要的财富是土地，上辈在土地上倾注毕生心血，如改造土壤、培植地力。他们把荒坡变沃土，把贫瘠的土地变成良田。前人栽树后人乘凉，后代不仅继承了土地财富，而且承担了对土地的同样的责任，否则就是不孝。卖祖上留下的土地是公认的败家行为，是对祖先的侮辱，是不能继承祖先事业、被宗族人看不起的没出息的不肖子孙。子代能做的，就是接替父辈把土地维护好，不断继续培植肥力，让土地这个"命根子"一代代传下去。

二是承担家庭责任。上一辈人通过艰苦的劳动，让孩子们吃饱穿暖，过上无忧无虑的生活，在生产力水平低下的社会，唯一可以付出的就是体力。因此，早出晚归，起早贪黑地劳动，含辛茹苦，就是为了给子女们创造一个好的生活条件。也正是由于父母无私的付出，才有子女的真情回报，即所谓"上慈下孝"。"慈"和"孝"，虽然是一种人伦，一种义务，并受道德的支持和约束，但这种"人伦"和"义务"，同样要靠良心和责任去维护、传递和感染，尽管并不像"交换"理论解释的那样机械，但以心换心还是有道理的。"亲"，同样要靠"养"来培养；"孝"，同样要靠"慈"来孕育。而农业劳动过程是"慈""孝"文化得以传承的最有效途径。农业劳动需要家庭成员的共同努力，农忙时，在乡村随处可见一家人男女老少齐上阵的情景，每个人都做力所能及的事情，最能体现齐心协力、各尽所能。在这个过程中，家庭成员可以体验到劳动的艰辛和各尽所能的合作。家庭成员之间最能体现利他行为，不仅劳动无须监督，而且会表现出高度的责任感。这种来自对家庭的担当，在农业生产过程中就变为对农业劳动和土地的责任。这也是为什么家庭经营农业具有生命力的最本质原因。

需要指出的是，并不是所有农业生产方式都会成为传统农业文化的载体，有些农业生产方式还可能导致农业文化的极大破坏。我们的任务在于解释何种生产方式既有利于农业文化的传承，又能够对现代农业做出贡献。如农民对土地情感的培养，就与农业生产方式密切相关，只有那些既有助于培养农民珍惜土地的感情，又有利于农业经验在代际和横向传播的农业方式，才是更文明的农业方式。

（三）乡村的生活方式

乡村生活是乡村文化生动传承的重要途径，失去了乡村生活，再优秀的传统文化也会成为"展品"和记忆。在村民的日常生活中，人生礼仪、岁时节令、民间信仰、民间文学、地方戏曲、工艺美术、宗教活动，以及街谈巷议、饮食习惯等都是传统文化重要载体。需要指出的是，乡村生活方式是文化存在的形式。比如，我们说地方戏曲是乡村文化，指的多是地方戏这种形式，而地方戏所表现的内容，无论是精忠报国、才子佳人，还是因果报应等文化内容，其价值取向才是我们所说的文化。载体强调的是外在的有形的东西，文化更多的是内容所蕴含的价值取向。形式和内容并不总是一致的，街谈巷议是文化载体，具体载的什么内容就决定了民风和乡风的不同。这些文化载体形式，是老百姓喜闻乐见的，容易被接受的，因此，是十分重要的。

1. 人生礼仪

一个人从生到死，要经过几个重要阶段，总是要有一些特殊的、有见证性的礼仪作为标志。如诞生礼、成人礼、婚礼、寿礼与葬礼等。

诞生礼包括洗三、坐月子、满月、百日、抓周等。洗三即婴儿出生的第三天，由老年妇女用艾草等植物熬制的药水为婴儿擦身，达到除秽、祈福的目的；满月时宴请亲戚朋友吃酒；百日穿百衲衣、戴长命锁等；抓周则更是反映家长和长辈望儿成龙、望女成凤的期盼。诞生礼的核心内容是表达美好的祝福，体现长辈对后代的关心和慈爱。新生个体通过一系列的仪式被接纳为家庭谱系中的成员，为后续实施教化奠定了基础。诞生礼的对象是新生个体，参与和受教育的却是所有亲人。

成人礼是家族（现在多为学校）为庆祝其成员长大成人而举行的礼俗仪式。中国古代汉族男子成年实行冠礼，女子成年实行笄礼。成人礼是要提示受礼者从此将由家庭中毫无责任的"孺子"转变为正式跨入社会的成年人，只有能践行"首孝悌"的德行，才能成为合格的家庭成员，承担合格的社会角色。因此，人们认为成人礼就是"以成人之礼来要求人的礼仪"。灌输社会责任理念和尊老爱幼的品行是其重要内容。今天，通过一定的仪式作为成人的标志，对提示和培养受礼者的社会责任心与义务感依然是有意义的。

古代婚礼仪式无论复杂还是简单，其意义都离不开三个方面：一是获得社会认可，邀请亲朋出席见证，把幸福昭示天下；二是赋予新人双方对于家庭的使命感、责任感；三是感谢天赐良缘，更要感谢父母养育之恩，不忘孝敬之道。如今的一些婚礼失去了严肃性和仪式感，传统美德传承被淡化，不能不说是一大遗憾。现代婚礼仪式通过创新来弘扬传统文化，特别是把夫妻相互尊重、尊老爱幼的中华优秀传统美德融入其中，使其成为中华优秀文化的载体，是乡村移风易俗和文化建设的重要内容。

葬礼是人生礼仪中最隆重的礼仪，突出孝文化是汉民族丧葬文化的主题。不能尽孝，对于传统的中国人来说，就等于精神支柱的崩塌。老人活着的时候要尽孝，死后举行隆重的葬礼仪式，会受到亲友的赞扬。通过葬礼，无非是缅怀先人、慎终追远，表达人们对生命的热爱、弘扬伦理孝道以及对先人的感恩心理等。葬礼是生者按照自己对生命、人生的理解所设计的，它的最终目的仍是生者通过自己对先人孝道的表达，阐明孝心、摆明自己的人格，是为了教育后人要继承和发扬孝文化。不可否认，殡葬文化也必须随着人类社会的发展而吐故纳新，但是殡葬的改革应尽可能传承中国传统葬礼延续孝道、构建社会秩序和认同世俗生活的鲜明特征，把它作为中华优秀文化传承的载体，而不是一味地模仿西方，更不能置中华传统文化于不顾而想当然地别出心裁。

人生礼仪，还包含庆生和祝寿礼，现代社会还发展出来升学礼、毕业礼等。无论是何种礼仪，其要义，就是要求人们在人生的各个阶段严肃对待，郑重其事，而不能轻率潦草。从某种意义上说，重视人生礼仪，就是传承传统文化。

2. 岁时节令

岁时节令包括农事节日、祭祀节日、庆祝节日、社交游乐节日等，多以民俗形式表现出来，是重要的乡村文化载体。以下选择几个节日加以说明。

春节是中国很多民族共同的最热闹的节日。春节一般是指除夕和农历正月的第一天，而在民间传统含义的春节是从农历十二月初八到正月十五，其中除夕和正月初一是高潮。其主要活动有拜神、祭祖、除旧、迎新，伴有贴春联、门神、年画、福字、窗花，以及逛花会、闹社火等活动，以祈福为主要内容。早期的春节，反映的是古人自然崇拜、天人合一、慎终追远的人文精神。一系列的祭祀活动，则蕴含着礼乐文明的深邃文化内涵，集中体现在祭祖和拜年。除夕，人们会摆上菜肴、倒上美酒，举行隆重的祭祀仪式，祭拜祖先，缅怀祖先的恩德，以此表达对先人的怀念并祈求祖先的庇佑。拜年首先是晚辈给长辈请安、致敬，然后是亲戚朋友之间互相致意，祝贺。还有学生给老师拜年，女婿携同妻子和孩子给岳父岳母拜年，外甥也要去给舅父拜年。拜年突出尊敬和友善，弘扬和谐文化。

清明节是中华民族传统隆重盛大的春祭节日，尽管包含亲近自然、踏青游玩、享受春天乐趣的欢乐内容，但慎终追远、礼敬祖先、弘扬孝道是清明节的主旋律。多数人认为，这是一个扫墓祭祖的肃穆日子。扫墓俗称"上坟"，按照一般习俗，扫墓时，人们要把酒食果品、纸钱供祭在先人墓前，将纸钱焚化，为坟墓培上新土，或折几枝嫩绿的新枝插在坟上，然后叩头行礼拜祭。这是先祖们追求"天、地、人"和谐统一，讲究顺应天时地宜、遵循自然规律的朴素体现。

重阳节，由上古时代秋收祭祀演变而来，是农作物秋收之时祭天帝、谢祖先恩德的活动，因"九"数在《易经》中为阳数，且日与月皆逢九，故又称为"重九"。重阳节与春节、清明节、端午节等传统节日一样，祭祖是其重要主题。祭祀祖宗，以示孝敬、不忘根本。又因"九"是个位数中的最大数，具有长久长远的寓意，九九重阳，含有长长久久、长寿尊贵的隐喻，所以赋予了天长地久、生命长久、健康长寿的寓意。因此，重阳节又被赋予了敬老节的新含义。老年人为社会、为家庭奉献了一生，呕心沥血、含辛茹苦，他们具有丰富的生产生活经验和智慧，是人类的宝贵财富，是我们心灵的坚定依托。因此，关爱老人、敬重老人，为老人创造更好的颐养天年的环境，就从个人的孝道扩展为全社会的责任。

3. 民间文艺

民间文学和民间艺术作为乡村文化的载体，是以乡村喜闻乐见的形式传承传统文化的。

民间文学是由劳动人民口头创作，并在民间广泛传播、流传，能够真实地反映劳动人民的社会生活和思想情趣的一种口头语言艺术。神话、传说、民间故事、歌谣、谚语、谜语、歇后语以及民间寓言和笑话等，都属于民间文学的范畴。民间文学以其独特的乡土气息和表现手法，以自然质朴的内容和单纯、鲜明的人物形象，深入民心，为人们津津乐道。民间文学植根于社会生活，很多民间谚语是农民、渔民和工匠等对生产生活经验的总结和提炼，诸如"人误地一时，地误人一年""扫帚响，粪堆长；动动锹，粪堆添""饭后百步走，活到九十九"等，都是脍炙人口的谚语，传递经验，指导人们生产与生活实践。像打夯号子等劳动号子，是他们在进行各种劳动中调整呼吸、鼓足干劲、振奋精神、团结协作积累的经验。

学者把民间文学的社会功能归纳为表达与教化两个方面①。民间文学是民众表达思想、感情和愿望的一种方式和途径，也是民众交流思想感情的一种艺术化的手段，反映劳动人民力图摆脱贫困处境的强烈愿望，寄托人们的理想和希望。把感谢之情、思念之情、爱慕之情、忧苦之情等，用歌谣、故事等形式表达和宣泄，既避免了对话的羞涩和尴尬，又增加了幽默和生活情趣。像广西壮族人以歌代言，已成为他们的一种生活技能和人际交往的手段。通过笑话、寓言、谚语、传说，人们将不便直接表达的不满和愤懑之情发泄出来，在一定程度上起着维持社会的稳定、引起社会警觉的作用。

民间文学最突出的是其教化功能。在传统社会，很多教化是通过民间文学方式来完成的。一则神话，可以坚固团体的协同心；一首歌谣，能唤起美感的共鸣；一句谚语，能阻止许多人的犯罪行为。在传统社会里，民间文学替代文字教育宣传伦理道德，传授生产生活经验，延续民族文化，传承民族感情。在这个意义上，民间文学被誉为民众最方便、最普及的"口头教科书"。民间文学实施教化主要通过传授知识、陶冶性情、规范行为等来实现。所传授的知识不仅包括人文知识，还有生活知识和生产技能。孝文化是民间文学中占比例最高、内容最丰富的类型之一。谚语"鸦有反哺之义，羊有跪乳之恩""不当家，不知柴米贵；不养儿，不知报母恩"，简单明了，富有哲理，很容易记忆和传布。

民间艺术比民间文学形式更活泼，传播也更广泛。民间艺术是劳动

---

① 徐赣丽：《再论民间文学的价值和功能》，《民间文化论坛》2013年第2期。

者为满足自己的生活和审美需求而创造的艺术类型。广义的民间艺术包括了民间曲艺，如快板、评书、琴书、大鼓、相声、小品等；民间小戏，如东北的"二人转"、山东的"吕剧"、江苏的"锡剧"，还有花灯戏、花鼓戏、道情戏、木偶戏、皮影戏、傩戏，等等，因其简便灵活，民间小戏受众数量极其庞大；此外，还有民间音乐、民间舞蹈、民间杂耍等。与民间文学一样，民间艺术同样是寓教于乐的文化载体，记录和表达了劳动人民的思想感情和审美趣味，是劳动人民智慧的结晶，蕴藏着中华民族的精神。

4. 民间工艺美术

民间工艺美术是人们为生活和审美需要创作的实用性与艺术性相结合的艺术形式，是与岁时节令、人生礼仪、宗教信仰、生活与建筑装饰等相互融合的民间艺术创造。按照制作技艺的不同，可以将民间艺术分为绘画类、塑作类、编织类、剪刻类、印染类，等等。按照材质分类，有纸、布、竹、木、石、皮革、金属、面、泥、陶瓷、草柳、棕藤、漆等不同材料制成的各类民间手工艺品。民间工艺美术是人们须臾不能离开的，像年画、剪纸、对联、风筝、编织、雕刻、泥塑、陶瓷、印花、刺绣等，渗透到了人们生活的方方面面。一年中的节日时令、从出生到死亡的人生礼仪、衣食住行的日常生活，都有民间艺术的陪伴。其既丰富人们的精神生活，满足人们的兴趣爱好，又体现人们的理想和愿望。民间艺术还是彼此认同的标志、沟通情感的纽带和规范行为的准绳，是维系群体团结的黏合剂，是世世代代锤炼和传承的文化传统。

2017年，国务院办公厅转发文化部、工业和信息化部、财政部《中国传统工艺振兴计划》，提出"构建中华优秀传统文化传承体系，加强文化遗产保护，振兴传统工艺"的要求。对传统民间工艺美术文化元素的挖掘，除了工艺，更需要重视对其所蕴含的文化的挖掘。以年画为例，这种老百姓喜闻乐见的艺术形式，不仅可以装饰环境，增加春节喜庆氛围，而且包含祝福新年吉祥之意，同时是文化教育、道德教化、审美传播、信仰传承的载体。其内容十分丰富，对年画的表现范围有如下表述：

> 妙写天堂地府，善绘人世风情。
> 古今天下大事，南北风景名胜。
> 戏剧传说典故，乡农纺织耕种。
> 如意娃娃美女，吉庆花鸟鱼虫。
> 祈福添喜增寿，悦目赏心实用。①

年画宛如民俗生活之图像全书，有着潜移默化的教化功能。特别是其喜庆吉祥的寓意尤其值得发扬光大。年画通过寓意、借代、象征、谐音等手段，借用一定艺术形式，把渺茫、神秘、朦胧、虚幻的观念赋诸形象，于是就有了《恭喜发财》《连年有余》《五谷丰登》《连中三元》《鱼跃龙门》《春风得意》《寿比南山》《松鹤延年》《福禄寿星》《群仙

山东杨家埠年画《连年有余》

---

① 骆亚琪：《年画的文化内涵及其传承与发展》，《黄山学院学报》2016年第4期。

祝寿》《花好月圆》《龙凤呈祥》《百年好合》《多子多福》《早生贵子》等美好寓意的作品，用轻松活泼的形式传播传统文化，寓教于乐，通俗易懂。如年画《孟母择邻》《三娘教子》《课子教女》，反映封建社会家长望子成龙、对儿女施以正确教育引导的社会习俗，对后人仍然有着较强的教化作用。年画《孝顺图》《庄稼忙》等，向儿童解说，具有绘本启蒙之功效。

5. 饮食习俗

中华饮食文化博大精深、源远流长，在世界上享有很高的声誉。饮食习俗作为文化载体需要关注四个方面的内容。

一是吃什么。中国人被认为是最博食的民族，有人认为这与过去长期处于战乱、灾难和饥荒有关。天上飞的，地上跑的，水里游的，山上长的，草地生的，林子里结的，从植物到动物，从高等脊椎动物到低等软体动物，中国人几乎没有什么禁忌。这其中蕴含不少生存智慧，如普食性有助于食物资源的充分综合利用，减少对粮食的依赖，对树立大农业观是有启发意义的。但其中也有不少属于糟粕，如食用野生动物。特别是"吃啥补啥"的观念，需要随着生态文明和现代科学饮食观念的树立而改变。

二是怎么吃。中国人讲究吃的艺术，以熟食为主，使用筷子进餐，习惯聚餐制；烹饪讲究色香味形，器具优美，菜名生动。最为重要的是，饮食文化包含了丰富的哲学思想。如"阴阳五行"的理念，因此产生了"五味"说。有的食物被归为阳类，如红糖、大枣等。有的食物被归为阴类，如冬瓜、绿豆、莲子等。饮食注意阴阳平衡，根据不同体质决定饮食类型。又如饮食文化中的天人合一思想，强调进食与宇宙节律协调同步。春夏秋冬、朝暮晦明要吃不同性质的食物，甚至加工烹饪食物也要考虑到季节、气候等因素。饮食方法也随着时令气候变化而调整。先民很早就认识到食物不仅能补充营养，而且还能疗疾祛病，于是有了"药食同源""膳药同功""以食疗病"等思想。通过"食疗"养生祛病已被现代医学所证明。

三是饮食礼仪。饮食礼仪是饮食文化的重要组成部分，官方礼仪、民间礼仪、请客礼仪、婚宴礼仪、座次、餐具的使用，等等，已然成为专门的学问和技术，纳入了培训课程，启示我们更应该重视家庭聚餐礼仪和其所蕴含的人伦秩序。在食物短缺的时代，有限的食物首先是孝敬老人的，老人则反过来把食物留给儿童。在饮食方面，家宴能体现尊老爱幼及利他行为。家宴或有客人来，家里老人和客人坐在最尊贵的位置，小孩子是不能上桌的。如果和长辈用餐，应先让长辈动碗筷用餐，不能抢在长辈的前面。夹菜时从盘子靠近或面对自己的盘边夹起，不能从盘子中间或靠别人的一边夹起，更不能用筷子在菜盘子里翻来倒去地"寻寻觅觅"。眼睛不能老盯着菜盘子，一次夹菜也不宜太多。遇到自己爱吃的菜，不可如风卷残云咀嚼食物，不要发出"呱叽呱叽"的声音。口含食物时，最好不要与别人交谈，确需说话时，应轻声细语。吃饭过程中，应主动给长辈添饭、夹菜。饭后主动

象征着"五谷丰登"的花馍

收拾碗筷。家庭用餐是培养儿童懂礼貌、养成好习惯、传承传统美德的有效载体。

四是饮食中的寓意文化。饮食寓意文化是人们运用独特的思维方式和表现手法，根据象征符号和意指对象之间具有的某种相似性而将两者加以类比的思维方式，用以反映主体内在心理取向和愿望表达。春节吃饺子，与我国古代的钱币"交子"谐音，其形状与金元宝相似，是代表财富的吉祥物；生日吃一碗长寿面寓意健康长寿；金黄色的年糕，取其"日进斗金"的意思；发糕则寓意着发财；月饼象征着团团圆圆、阖家幸福。饮食象征意义往往通过颜色和形状表现出来，例如把面食做成苹果、柿子、寿桃、石榴等形状，用来类比特定事物或表达特定愿望，与民间艺术的社会意义具有异曲同工之效。

三、乡村文化建设案例

农耕文明是中华民族对人类文明的重要贡献，是中国乡风文明的根和魂。农耕文明所孕育的生活方式、文化传统、农政思想、乡村管理制度等，与今天所提倡的和谐、共享、低碳等理念十分契合。将乡村文化建设作为培育乡风文明的抓手，通过继承和弘扬农耕文化的优良传统，把社会主义核心价值观融入乡村社会发展的各个方面，转化为农民的情感认识和行为习惯，有效引导提升农民在思想观念、道德规范、知识水平、素质修养、行为操守等方面的综合素质，具有重要意义。

近些年，各地方在建设乡风文明实践中积累了许多经验，尽管一些经验和做法是零碎的，尚缺乏乡村文化建设的整体思路，但由于符合乡村价值原理，因此大都是有效的。当我们把这些经验展现出来，纳入乡村价值体系中来考察，不仅可以发现其合理性，也为乡村文化振兴提供了基本思路。

（一）"婆媳澡堂"

北京市顺义区马坡镇石家营村，出名的不是村民的富裕程度，而是村里有一个"婆媳澡堂"。电视、广播、报纸都对此做过大量报道。"村庄开办婆媳澡堂化解误会""从婆媳澡堂到和谐社区""婆媳澡堂洗出'母女情'""婆媳澡堂全民尊老成新风"等标题格外显眼。这是时任村支部书记胡国卿建设和谐乡村的措施之一。为了弘扬尊老风气，石家营村建成200平方米、功能设施齐全的老年洗浴澡堂，免费面向全村开放，但前提是年轻人必须陪着老人来。儿媳妇陪着婆婆，孙女陪着奶奶，儿子陪着爹爹，孙子陪着爷爷，甚至陪着邻居的大爷大叔，都会得到鼓励。此举目的在于弘扬敬老爱老文化，为人们和谐相处搭建平台。村民们对这一做法十分赞同，亲切地称之为"婆媳澡堂"。"婆媳澡堂"改善婆媳关系、邻里关系，树立文明乡风的经验受到社会普遍关注。当时，村里有个78岁的婆婆叫邓淑兰，儿媳叫宛玉芹，也55岁了。邓淑兰有四个闺女、一个儿子，女儿都出嫁了，和儿子儿媳一起过。过去她和儿媳的关系不好，常为谁做饭这样的小事怄气，儿子夹在中间左右为难。自从村里有了"婆媳澡堂"，在大家的影响下，邓淑兰和儿媳关系融洽了，儿媳陪她去洗洗澡、聊聊天，有时帮她搓搓澡、捶捶背。接触多了，聊得多了，相互理解了，心里也痛快了。

石家营村不仅有"婆媳澡堂"，还设置了"文明奖"和"操心费"。

农村老人们有很多不大好的习惯：相互有些矛盾就吵架，骂人的现象也时有发生，上街光膀子，乱倒垃圾，凭借自己的"老资格"，村里的规章也常常不遵守。村委会就想了个办法，干脆把村里每月发给老年人的 200 元的养老福利变个形式，叫"文明奖"吧！还是那么多钱，不过得换个给法。谁家老人骂人扣分，光膀子上街扣分，乱倒垃圾扣分……石家营村村委会工作人员把能想到的不文明行为都折合成了分数。只要能遵守，到月底就可以领足"文明奖"。这下老人们不仅自觉了，还相互提醒、监督。几年下来，石家营的不文明行为杜绝了。

老人们文明了，那年轻人怎么办？石家营村村委会又设立了"操心费"，从村集体收入中拿出经费，每个老人一个月 100 元，是用来监督教育自己子女的。只要自家的子女不出现不文明的行为，到月底就可领足 100 元。谁家子女出现不文明行为，就要扣除"操心费"。这下可管住了年轻人。他们自己可以不在乎 100 元的奖励，可老年人在乎，邻居们在乎，如果出于自己的原因与邻里闹矛盾，老人的"操心费"拿不到，这也是不孝啊。只要谁家的老人拿不到"操心费"，一家人都会批评子女的不文明行为。这样一个制度，把文明行为与孝文化联系在一起，成为和谐乡村建设的有效抓手。胡国卿说，让村民自觉地管理自己，是设立这些奖项的目的，只要家庭、邻里和谐了，也就实现了全村的和谐。

（二）"功德银行"

浙江省义乌市有个何斯路村，村支部书记叫何允辉，针对"守望相助"的村落共同体日渐式微、乡村传统道德的承载基础在无形中逐渐消解、乡村道德出现滑坡、乡情乡味日渐淡薄等乡村文化日趋荒漠化的状态。为了促进乡风文明，恢复传统美德，2008年在村里创办了一个"功德银行"。此举旨在引导村民恢复和睦邻里和淳朴敦厚的乡风民俗，增强互帮互助的共同体意识，倡导村民相亲相爱、邻里互助，重塑熟人社会的道德规范，形成文明、互助、礼让、共享的新风尚。

所谓"功德银行"，就是由村委会设立的记录村民积德行善、好人好事的家庭档案。"功德银行"以家庭为单位设立专用账本，由村里老党员负责记录村里的各种好人好事，如见义勇为、捐款济困、邻里互助、为盲人引路、义务清扫垃圾、志愿服务等，不论功德大小，一一记录在册，由村"两委"干部、村务监督委员会和村义工代表共同参与评议。功德银行积分方式规定如下：

"功德银行"实行累计积分制，一年为一个积分阶段，积分不跨年累积，积分标准划分为五个档次，具体划分标准如下表所示：

"功德银行"积分要求

分数	指标	举例
1分	能够做好自身事情，管好自己	捡拾垃圾、维护房前屋后卫生等
2分	能够带动良好家风，能够维护公共场所的环境	孝顺长辈、爱护公共区域花草等
3分	能够关心他人，促进村庄事业的发展	照顾生活上有困难的村民、积极协助村"两委"工作
4分	积极落实国家政策，品德表现突出	获得市级以上荣誉的、见义勇为的、参军的等
5分	能够为村庄发展做出卓越的贡献	对村庄的产业发展提出建设性意见等

村民们所做的好事可以自报、他报或互报。"功德银行"把一年内村民的积分情况进行统计，对排名靠前的村民进行表彰，年度得分最高者被视为对何斯路村做出突出贡献的人，号召村民向其学习。所有有关"功德银行"的事项均可以到村委处查找，定期（一个季度）公布积分情况。

"功德银行"不同于一些地方流行的"时间银行"，旨在通过倡导奉献爱心，在全村形成互助和奉献的意识。自"功德银行"创办以来，已设立219户功德账号，记录村民们好事善行数千件。村里还涌现出很多做好事不留名的人，默默奉献蔚然成风。就连一直在外经商、对村内事情不甚关心的人，也主动回村帮助一些弱势村民，积累功德。"功德银行"潜移默化地重塑乡村道德体系，增强了村落共同体的认同感、凝聚力和向心力。"守望相助""积德行善"的民风逐渐形成。

何允辉介绍说，"功德银行"设立之初，人们不理解，甚至有人反对。在他们看来，做好事从来不用告诉别人。实际上是他们之前从来没有为村里或他人做过什么好事。有的人是观望，不参与，做旁观者；有的人不习惯为他人做好事，感觉别扭，认为做好事很可笑。50多岁的村民何雪华，主动为一位65岁双目失明的精神病患者洗脚，结果竟遭到其他村民的嘲笑。然而，为他人做好事一旦形成风气，人们不仅不感到陌生和奇怪，而且成了一种自然而然。何斯路村"功德银行"上记录的好人好事大概只占实际数量的五分之一。全村百分之九十以上的人都主动做过好事。

"功德银行"的设立，首先，优化了乡村教化环境，成为乡风文明建设的有效载体。特别是老年人带头做好事，发挥了示范作用，具有权威性和影响力。通过他们传承优秀乡村文化，影响年轻人，村庄的精神面貌焕然一新。其次，重塑了乡村信用体系。诚实守信是传统美德，也是市场经济健康发展的基本要求。然而，由于种种原因，诚信品质缺失曾经是普遍的现象。为激发广大村民参与全村道德信用体系的建设，何允辉采用以道德信誉换取金融信用的办法，把中国农业银行授信给他的 2000 万元无抵押贷款额度的优惠政策无偿转送给村民。村民根据他们在"功德银行"的信用积累，经过村委会审核便可得到银行优惠利率贷款。自 2013 年开始实施以来，村民们通过积累的功德储蓄换来了良好的金融信用。中国农业银行和义乌农商银行等金融机构主动与村委会合作，凡是因生产生活需要贷款，只要经村委会认定其具有道德信誉并盖章，无须抵押担保，村民即可获得不超过 30 万元的银行贷款。

（三）家风建设

家风作为家庭成员的行为规矩，祖祖辈辈须恪守的优良传统，受到村民们的普遍重视，甚至是找对象的重要条件。因为大家知道，家风不仅可以继承，还可以重塑。家风对子女的影响已经有太多研究，家风不仅是家长教育子女的态度和风格，更重要的是一个家庭、家族的传统，包括信仰、理念、处世哲学和行为规范等丰富的内容。古代中国家庭大多为几世同堂的大家庭，人数众多，关系复杂，不立规矩不便于管理，因而会设立一系列规矩。规矩代代相传，便成家风。一家人无时不受家风的熏陶，又处处维护家风，违规者会受到批评和惩罚。家风成为约束、教育个人的无形力量。在家庭生活中会发展出一套约束家庭成员行为的规矩，被称为"家规"。人从出生开始就受此礼俗的熏陶，并且从心里认可这种规范，遵守家规就成为自然而然、顺理成章的事。

从弘扬优秀家规、家训入手，开展家风村风建设，促进社会和谐发展，湖北省竹溪县创造了很好的经验。由于长期忽视乡村文化建设，乡村出现了收入增长、道德滑坡的现象。有些人一面大操大办婚丧嫁娶，另一面却不赡养老人；有些人外面住着小洋楼、开着小汽车，回到村里却争当贫困户。扯皮闹事、不讲信用、无理缠访、邻里纠纷、虐待老人等现象时有发生，甚至出现自己搬进新家，却将老母亲遗弃在荒山中老房子里的现象。针对乡村出现的"爱子不孝老，自己小康、父母喝稀汤"等现象，竹溪县组织专业人员，深入群众，挖掘当地孝道故事，以期用家训文化激发群众守德尽责的行为自觉。以"慈孝"为道德原点，建立"孝、勤、礼、德、信、善"人文六德，按照"人立言、家立规、族立训、村立约"的要求，全县开展"家规家训进万家"活动。多年之后，竹溪县社会风气发生了根本改变，该活动促进了家庭和睦，密切了邻里关系，消除了干群紧张。社会和谐了，自然促进了经济发展和人民的幸福，为乡村文化建设和有效治理提供了有益经验。

2016年，我同中共中央党校的刘忱教授在竹溪县调研，重点考察了同庆沟村家风文化建设情况。通过该村弘扬优秀家风文化的具体做法，对竹溪经验可窥一斑。

首先，从挖掘乡村优秀家规家训资源开始，在该村重拾传统家风文化。组织开展"寻根问祖"活动，对全村姓氏大族的家规家训进行探源，寻征了徐氏、甘氏、刘氏等老家谱家训 10 余套。组织姓氏大族对家规家训进行修订，剔除家规家训中不合时宜的内容，将爱国、敬业、诚信、友善等核心价值观融入家训之中，使之成为族群的共同价值遵循，用以教育后代，规范族人的言行。建设了家风文化长廊，展示该村历史名人家风家训，既是一道美丽的风景，也让村民有了家族的荣誉感和自豪感，并时时处处感受家风文化的熏陶。

其次，组织开展"家立规、人立言"活动，在村委会展示"我们的治家格言"。鼓励以姓氏家族为单位，总结提炼家族的族规、族训，既发扬传统，也与时俱进，融入现代法治与核心价值观的内容。全体家族成员参与酝酿，形成全族共识，在姓氏大族聚集区进行展示，在村民面前演讲，自己如何为家族争光，为乡村做贡献，增强了为家族争光的进取心。该村还邀请书画家到村里采风，创作家训格言书画作品，统一装裱，分门别类赠送给农户。

最后，组织开展家风评议活动。依托村内"五老人员"组建乡风（红白）理事会，负责村内红白喜事监督、乡风评议活动，定期公布红白喜事办理和乡风评议情况。村里每年组织村民开展"同庆沟村好人""慈孝之星""乡贤""好婆婆好儿媳"等评比活动，引导和培育积极向上向善的乡风。该村涌现出了"宁可不盖房，也要咱爹娘"的陈受江、待公婆如亲生父母的郭晓丽、爱管"闲事"的林九义、热心公益的徐承东等一大批"草根"模范。对这些模范的事迹，村里不仅召开大会，大张旗鼓地予以宣传表彰，还在广场、院落建立好人榜，使优秀家风文化得到广泛传播，"注重家庭、注重家风、注重家教"的良好社会风气在同庆沟村逐步形成。

家风家训对成员的约束作用也开始显现。同庆沟村的刘某被大家认为是"不守规矩"的人,在开展"家规家训进万家"活动中,刘氏家族整理了"父慈子孝兄友弟恭,不得有萁豆相煎之行为;孝老尊贤敦亲睦族,不得有忤逆不道之行为;明礼尚义入孝出悌,不得有悖反伦常之行为……"等10条家训,家家户户悬挂"刘氏家训"。刘某只当"刘氏家训"是一个形式,不置可否,依然我行我素。后来,刘氏中有威望的长辈上门用刘氏家训规劝刘某"改邪归正",终于触动他心扉。如今,刘某不仅遵守家规,而且助人为乐、热爱公益,还成为当地公认的热心人士。该村的徐某过去是大事干不了,小事不愿干,无所事事,游手好闲。在开展"家规家训进万家"活动过程中,家族长辈通过给他讲祖辈传下来的族训和故事,教育他"人要走正道",不要给祖宗丢脸,启发他要有上进心,做有益的事。如今,他成了贡米产业大户。该村通过推行"姓氏家训"入院,"家规牌匾"入户,村民的"精、气、神"在耳濡目染中,发生潜移默化、润物无声的神奇"裂变",崇德向善、见贤思齐、知荣明耻、从善如流的风气和价值取向得到激发和回归。该村被评为"全国文明村"。时任竹溪县委书记余世明是"家规家训进万家"活动的主要倡导者和推动者,他认为慈孝文化架起了传统美德与核心价值观相融的桥梁,逐步引领了社会新风尚,有助于维护社会稳定和推动经济发展,是乡村有效治理不可忽视的宝贵财富。

在乡风文明建设过程中,许多乡村都把文明户的评选活动作为抓手,开展了诸如"星级文明户""文明信用户""五好家庭""双文明户""十星级农户"等创建活动，采用评比形式，把现代文明和传统美德结合在一起，引导村民树立正确的恋爱观、婚姻观、子女观，正确处理夫妻关系、婆媳关系、邻里关系，赡养老人，教育子女，形成和谐的人际氛围。有的乡村利用现代化的舞台表演传统节目，利用传统艺术形式宣传现代理念，取得了较好的效果。有的乡村通过电视、报纸、公告栏、图书室等现代媒介宣传乡风文明，传播典型事件和人物，开展社会公德教育活动，营造乡风文明建设氛围，让文明礼貌、尊老爱幼、助人为乐、崇尚知识、和谐相处等观念成为村民的行为准则。

在乡风文明建设实践中，人们创造的典型案例还有很多：如通过村规民约的订立，引导村民参与村级事务，激发村民的自我管理能力；通过弘扬乡贤文化，鼓励乡贤返乡做贡献；通过培养地方文艺人才，繁荣乡村文化生活，等等。不少乡村广泛开展好媳妇、好儿女、好公婆、好邻居等评选表彰活动，开展寻找最美乡村教师、最美医生、最美家庭等活动，深入宣传道德模范、身边好人的典型事迹等，使家风、乡风发生了根本性变化。

这些活动之所以有效，主要依据两个条件：一是村落是熟人社会，人们彼此熟悉，谁人缘好，谁是热心人，大家一清二楚。评选过程广泛的参与性使人们可以感受到"善有善报"的因果关系，给帮助过自己的人投以赞成票也体现"感恩"的情怀。被评选者赢得村民的尊敬，获得巨大的成就感，对周围的邻里也发挥着教育与示范功能，激发了村民的上进心。在乡村，我们可以切身感觉到村民对"文明户"等荣誉的重视，就连给男女青年介绍对象都要提及对方家庭是"十星级文明户"，以证明

"家主儿好"。二是评选内容把传统文化与现代文明相结合，既体现了尊重传统，也体现了与时俱进。如某村"十星"评选的具体名称是：爱国爱村星、创业致富星、家庭和睦星、邻里互助星、尊老敬老星、科技教育星、遵纪守法星、环境卫生星、文明礼貌星、公益奉献星。这些评选内容既蕴含了家庭和睦、尊老爱幼、惠及乡邻等传统美德，又有学习科技、遵守法律、创业发展等现代性要素。每一项内容包含了许多具体的指标，这些指标与村民的利益和行为密切相关，不是抽象的和虚无缥缈的，而是具体的和可量化的，容易为村民所接受。当村民接受了这些做法，进而转化为追求和实现这一目标的行动，成为乡村德治、善治的重要基础。

第六章

天然的教化空间

乡村是一个天然的教化空间。一个自然人,在乡村环境中可以"自然"地成长为掌握生存技能、懂得社会规范、遵守地方习俗的社会人。没有培训班、没有教学大纲,是在自然而然、潜移默化中完成的,我们把这个过程称为"教化",即通过一定途径对人们施加影响和感化的过程。在乡村,人们通过体验人与人之间的真情实感,获得爱和被爱、尊重和被尊重以及感恩的品质,可以形成一致的价值观念和行为。这是因为乡村存在丰富的教化资源,它们无处不在,无时无刻不对人的行为施加影响。今天，我们倡导创建和谐乡村，提出建设自治、法治、德治融合的乡村治理体系，须从挖掘乡村教化资源入手，充分利用乡村所具有的教化价值，为提升乡村治理能力奠定基础。

乡村的教化资源广泛存在于乡村的空间结构、社会结构和文化结构之中。从乡村劳动到乡村生活，从乡村建筑到乡村文化，无一例外都蕴含着教化思想和实施教化的途径。前面讲过的所有内容，其实都从不同侧面体现乡村教化内容，反映乡村教化机制。为了进一步阐释乡村教化作用的原理，我们就农业劳动教化、乡村习俗教化和乡村群体压力等方面做些分析。

一、农业劳动教化

乡村农业劳动的意义不仅在于获得农产品，还在于帮助劳动者获得知识和感悟人生，养成诸如尊重自然、敬畏自然、珍惜劳动成果和关爱生命等一系列优秀品质。与农业劳动同样重要的还有家务劳动，不仅要养成生活自理、自立能力，还要养成诚实守信、尊老爱幼、勤俭节约等优秀品质。我们先从农业劳动说起。

（一）农业劳动的特点

法国教育学家卢梭曾在《爱弥儿》中批判了城市对人性的扼杀，指出了乡村对人性教育的重要意义。他说："人类之所以繁衍，绝不是为了像蚂蚁一样地挤成一团，而是为了遍布于他所耕种的土地。人类愈聚在一起，就愈要腐化。身体的不健全和心灵的缺陷，都是人类过多地聚在一起的必然结果……必须使人类得到更新，而能够更新人类的，往往是乡村。因此，把你们的孩子送到乡村去，可以说，他们在那里自然而然地能够使自己得到更生的，并且可以恢复他们在人口过多地方的污浊空气中失去的精力。"① 生活在大城市的人们，在饱受空气污染、噪音、拥挤等痛苦之后，大都会有这样的愿望：到乡村去！其实乡村为人类提供的不仅是适宜生活的环境，更是一个让人身心健康的空间。

　　塑造综合的人性是乡村教化的重要特点，这一点也同样体现在农业劳动中。日本环境社会学者鸟越皓之对农业做了个形象的比喻，他认为"农业是被人类揽入怀抱的自然"②。日本农学家祖田修则认为，农民称为"农活"的农业劳动是人性的综合，它包含循环性、互动性、多样性以及合作性③四个方面，每个方面的内容都培养了重要的人性。

　　其一，农业活动的循环性。农业活动的循环体现在一年四季的交替，它忠实地反映和遵循四季的自然变化。与工业以无生命的材料为劳动对象不同，农业的对象是在复杂环境下处在不断循环中的有机生命体。"前人栽树，后人乘凉"，每个人都在继承祖辈的遗产，并把自己的遗产留给子孙。正是基于农业自然循环、生命循环和代际循环的反映，人们可以感受到大自然永恒的生命力，也会体验到生命的韵律，进而怀有对自然的敬畏，养成谦逊的精神。在这一过程中，也养成对祖先的感恩情怀和

---

　　① 卢梭：《爱弥儿》，李平沤译，商务印书馆，1996，第43页。
　　② 鸟越皓之：《环境社会学——站在生活者的角度思考》，宋金文译，中国环境科学出版社，2009，第46页。
　　③ 祖田修：《农学原论》，张玉林等译，中国人民大学出版社，2000，第150页。

对子孙的期望。

其二，农业劳动与大自然的互动性。为什么一个农民可以在田里独自劳动一整天而不感到寂寞，就在于有大自然在其身旁做伴。在农业劳动过程中，人不是机械的、被动的，而是主动用心在与劳动对象交流，人与劳动对象甚至会产生情感互动。大自然的山山水水、花草树木、飞禽走兽等都可以成为与农民互动的对象。一方面，劳动者在与自然的互动过程中，可以获得诸如土壤、水、光照、降水、气温等自然条件和气象知识，积累了宝贵的农业经验，这与在室内进行的工业生产完全不同。另一方面，农业劳动的互动性培养了人对大自然的情感。农业劳动对象的生命性，决定了农民在农业活动中要静下心来观察生命变化，该施肥的时候施肥、该授粉的时候授粉，遵循生命体的规律，而不能想当然地揠苗助长。

其三，农业劳动类型的多样性。农业劳动的多样性由两个因素决定。一是生产对象具有多样性。从五谷杂粮瓜果蔬菜，到猪马牛羊鸡鸭鹅兔，作物和家禽家畜种类繁多，这种多样性为不同年龄、不同性别以及不同兴趣、不同需要的人提供了选择的机会。人们可以根据自己的需要以及所在地区的特点选择农业类型。二是农业劳动内容的多样性。农业劳动作为一个整体系统由多个劳动环节组成，如耕地、播种、除草、管护、浇水、采摘、贮存、出售等，在不同环节具有异质性特征，农民从始至终完成农业生产的全过程。在现代化生产过程中尽管这种劳动的一部分正在被社会化服务所取代，但是农民对生产的各个环节的关注和参与是始终的。这与高度专业化、单调重复的流水线作业不同，农业劳动的多样性、完整性和前后关联的连续性，丰富了农业劳动内容，给人们的劳动过程带来了节奏和变化。人类的身心健康只有在多样性的环境中才能保持。多样化的农业劳动避免了单调流水线作业造成的枯燥和单调情绪,使人们感受到劳动过程变化与乐趣,而且农业劳动是在大自然中进行的,这可以让农民的劳动充满自然性,在感受自然和欣赏自然中愉悦心情,缓解劳动带来的疲劳。

其四,农业劳动的合作性。村落中的农业劳动是一项集体形式的生产方式,许多活动需要农民之间的协作才能完成。南开大学历史学院教授张思考察了近代华北村落农民在农业生产中的相互协作。他认为,农村存在着多种农户间的农耕结合,有劳动力与劳动力、劳动力与畜力、畜力与畜力间的换工;除了"搭套"种地之外,还有役畜和农具的无偿借用,以及代耕、帮工、伙养役畜、共同租种、共同雇工等形式。农业劳动培养了农民协作和邻里互助的品德,为现代合作组织建设奠定了文化基础。

其五,农业生产的自我创造性。农业劳动过程本身是充满创造的,"种瓜得瓜,种豆得豆"。当看到自己劳作成果时,农民总是充满了创造的喜悦和成就感。这种成就感来自劳动的整体性和农业成果的可预见性。由于农业劳动具有整体性特点,劳动者从一开始就有了明确的劳动结果预期,这是形成目标期望和目标追求的重要基础。此外,农业劳动的自我创造性还来源于农业劳动的探究性和对比性,农民在农业劳动中会不断思考,比较不同品种、不同栽培方式,探究不同环境条件所带来的不同结果。农业劳动过程就是一个不断探索的科学试验过程,当农民有了新的发现,解决了新的问题,他们会获得满足感和成就感。农民是最关心科技的群体，也是采用新技术最积极的群体之一，这是由农民劳动特点决定的。正因如此，农业劳动中蕴含了人类无限的创造力和对新生活的追求。

（二）农业劳动的教化价值

农业劳动作为农民最为普遍的活动，从十几岁的少年到六七十岁的老人，都可以力所能及地参与其中。农业社会学既关注劳动者对农业的影响，也关注农业对劳动者的影响，特别是农业劳动过程对劳动参与者的影响——考察农业劳动过程中参与者获得了什么样的体验和教育。自远古时代开始，生产劳动就是教化的最主要载体。生产劳动既是维系社会存在和发展的基本物质前提，也是向年轻一代展示和传递劳动经验的渠道。所谓"耕读传家久，诗书继世长"，耕读传家在群众中可谓流传极广，深入人心。耕田可以事稼穑，丰五谷，养家糊口，以立性命。读书可以知诗书，达礼义，修身养性，以立高德。因此，耕读传家既学做人，又学谋生。实际上，耕田对做人的直接影响也是很大的。墨家是古代劳动教育的代表，高度重视生产劳动，提出了"赖其力者生，不赖其力者不生"的观点，乃至提出了"劳形天下"。在墨家理论中，已经有丰富的劳动形式、劳动内容，有独特的劳动精神培养的途径。而这些劳动内容、劳动形式以及劳动精神的培养，几乎都是通过身体劳动。墨子强调以身戴行、身体力行，认为劳动是修身的有效途径，君子只有通过艰苦的身体劳动，才能达到"力事日强，愿欲日逾，设壮日盛"的身强、志远、气盛的身体境界[①]。现代教育学进一步揭示了劳动过程对学生价值观、智商、情商、健康人格培养的价值。这也是近些年中小学生"社会大课堂"兴起的重要原因。这里,我们就农业生产劳动对儿童的价值概括了以下七个方面:

一是增长知识,学会科学思维。通过农业劳动可学习了解多方面的知识,如作物品种知识、种子知识、土地与土壤知识、肥料知识、灌溉知识、气象知识、光照与温度知识、防虫与防病知识、农业工具使用知识、栽培知识等。观察作物的生长过程可以使儿童思考影响作物生长的各类因素,培养孩子的科学思维和综合思考问题的品质。这种思维训练是任何一个培训班灌输的单一知识所不能比拟的。一些农业体验园还把各类植物挂上了牌子,普及生物分类的知识。一些养蜂户把蜜蜂的种类、习性、蜂产品等做成展板,让孩子们了解蜜蜂是如何采花粉以及蜂蜜是如何酿出来的。知识对提高人的综合素质和完善人格至关重要,农业劳动被认为是综合科普的有效途径,这也决定了农民是最能体验到科技价值的群体之一,他们在农业劳动过程中为了获得高产、防控自然风险,千方百计地寻找优良品种,总结和创新栽培方式,交流防病治病的经验以及抗灾减灾的方法,这些经验、乡土知识也成为知识教化的重要内容。

二是体验劳动艰辛,培养珍惜劳动成果的品质。人们常说"一分耕耘,一分收获"。其实,在农业劳动过程中,收成与劳动投入并不总是成

[①] 墨翟:《墨子》,吉林大学出版社,2011,第5页。

正比例关系。一分耕耘，未必有一分收获，原因在于农业面临着诸多的不可预测和不可抗拒的自然灾害。丰收在望的麦田可能因一场雹灾而减产，累累硕果也可能因突然发生的冻害而绝收。旱灾、水灾、风灾、虫灾……"十年九灾""三年两头受灾"等说法并不夸张。正因如此，农民有了"龙口夺粮""虫口夺粮"等说法。从事农业劳动最能体验"汗滴禾下土"和"粒粒皆辛苦"，培养人们"一粥一饭，当思来之不易；半丝半缕，恒念物力维艰"的觉悟，从而养成珍惜劳动成果的品质。

三是善待大自然，尊重自然规律。农业劳动是和大自然打交道的活动，在与大自然互动的过程中，人们不断了解自然规律，积累利用自然服务生产的经验。如农民知道最适合的播种时机，他们创造了保墒保水的方法，会根据降雨规律安排种植品种，根据风向和风力搭配不同作物。农民还积累了丰富的观测气象和预测天气的知识。在与自然打交道的过程中，人们体验到了自然的力量，对人的行为与洪水、泥石流、风沙、干旱等灾害的关系有深刻认识。从事过农业劳动的人，容易养成敬畏自然的品质。他们懂得保持水土的重要性，创造了梯田；他们知道林木的重要意义，形成了植树造林的传统。真正意义的农民是不会破坏生态环境的，因为他们深深懂得生态和自己的生产与生活的关系，会极力维系人与自然的和谐关系。

四是培养诚实的品质。农业劳动与其他劳动最大的区别在于"诚实"。诚实品质是农业劳动得以完成的基本条件。栽什么树苗结什么果，撒什么种子开什么花，发芽、开花、结果，每个阶段都不可逾越；灌溉、施肥、除草，每个环节都不可缺少；没有播种就没有发芽，没有浇水就没有生长，没有施肥就结不出优质的果实。在农业劳动过程中，人们强烈地体验着因果关系，领悟诚实的意义。什么都可以欺骗，唯独土地不可以欺骗，土地容不得半点儿含糊。在比较劳动成果差异时，人们会检讨自己的劳动过程，会体验到诚实劳动的喜悦，也会看到投机取巧的恶果。不仅如此，在农业劳动中，孩子为解决问题将学会互动，农业劳动互动的所有内容都体现着科学态度，浸透着诚实品质。有理由说，农业劳动是培养诚实品质的最有效方法之一。

五是培养耐力与忍耐品质。培养持之以恒、忍耐持久、锲而不舍、不达目的誓不罢休的坚强毅力，农业劳动具有特殊价值。首先，农业劳动的各个环节环环相扣，完成一个环节才能进入下一环节，任何环节都不能丢失或逾越，否则就会前功尽弃。其次，农业的周期性磨炼人的耐性，农业活动不可急功近利，更难以看到立竿见影的效果，而是需要一个漫长的生长周期。漫长的等待过程，培养了人们对预期成果的乐观心态，培养了人们对美好未来的憧憬。最后，农业所面临的诸多风险，让人们在尊重自然的同时，也培养忍耐、坚忍和不屈不挠的品质。

六是培养感恩和祈福的情操。感恩是一种情怀，知恩图报更是一种情操。农业劳动对感恩品质的教化在于培养对大自然和土地的情怀。鲜花感谢雨露，雄鹰感谢蓝天。人们在农业劳动中体验到大自然的恩赐，没有阳光、雨水、土地，作物就不能生长，世界就没有生机，人也就不能生存，是大自然赋予了我们财富和绚丽多彩的生活，这种对大自然的感恩情怀超越了对家人、朋友的爱，是一种普遍的感恩情结。对大自然的感恩往往与祈福联系在一起，因为在农业生产过程中，人们感受到大自然的力量，祈盼大自然风调雨顺，降福于人类，逐渐演化为一种自然信仰。当人们怀着感恩的心对待自然和社会时，就会带来人与自然、人与人的和谐。

七是培养珍爱生命的品质。美国学者杰·唐纳·华特士于1968年首次提出了生命教育的概念，此后受到教育理论界广泛关注。生命教育是指在个体生命的基础上，通过有目的、有计划的教育活动，引导学生认识生命的意义，学会尊重、爱惜自己和他人的生命，追求生命的价值，实现生命的辉煌。农业劳动的对象是生命体，农业劳动过程就是培育生命、爱惜生命的过程。无论是种子的发芽，还是幼苗的生长，或是小动物出生与长大，都需要人的悉心照料。在这个过程中人们体验生命活动的规律，探讨生命的奥秘，发现生命的价值。农业劳动过程是陪伴生命成长的过程，孩子们从珍爱动植物到珍惜人的生命，从动植物的生命环境联想到人的生存环境，会深刻理解保护生态、珍惜水源等生命活动环境的重要性。农业劳动过程的生命教育，比任何课堂上的说教都更具体、更丰富，也更有效。

正是农业劳动所蕴含的综合教化价值，人们重燃回归乡村的渴望，对"采菊东篱下，悠然见南山"的田园生活充满遐想，各类体验农业的项目应运而生，并逐渐被人们广泛认知和喜爱。利用田园景观、自然生态及环境资源，结合农林渔牧生产、农业经营活动、农村文化及家庭生活，使人们体验农业及农村生活，从事一些农业生产劳动，不但能舒展筋骨，还能享受到自然赋予的劳动成果，给人带来的轻松与满足，这些已经远远超出了农业的经济范畴。在农业活动中可以种植自己喜爱的作物，享受播种和收获的快乐，还可以体验科技的力量，以及培养生态农业的理念。

二、乡村习俗教化

乡村习俗是乡村生活的重要内容，也是实施教化的重要手段。人们常说"入乡随俗"，为什么要随俗呢？因为只有随俗，才能融入群体，才会被群体所接纳，才会有"自家人"的感觉。如果不随俗，就会被认为是"外人""另类"。人都有合群以避免孤独的需要，因此要接纳群体规范。从这个意义上讲，村落的各类习俗规范就具有对个体行为约束的作用，这种规范尽管不是强制的，却是个人难以抗拒的。村落中的葬礼，所有晚辈都是要跪在地上叩拜的。一些在城里长大的年轻人，对下跪感到难为情，也不懂得跪拜仪式，马上会有热心人指导如何去做。当大家都跪下了，某个人还愣愣地站着，就显得很不合群。群体压力下，只能"就范"。这就是村落礼仪、仪式等对个体行为教化的表现。村落中的许多活动，都要求人们遵循相应的伦理规范和礼仪，遵守其内含的道德要求，这对村落成员无疑是一种无声的命令，不是法律胜似法律，不管个体的地位高低、贫贱富贵，都要遵守，否则就会受到村落社会排斥或指责。长辈的责备训斥，同辈的劝说，村民们的嘲笑，舆论的谴责等，都是村落群体压力的形式，对人们的行为方式具有难以抗拒的约束力。

乡村实施教化的内容十分广泛，教化的途径无所不在，贯穿于乡村生活方式的方方面面。以孝道传承方式和教化途径为例，它们广泛存在于口头文学、地方戏曲、日常礼仪、行为示范、街谈巷议、祭拜以及宗教等活动中。从婚礼、祝寿、葬礼等仪礼中便可看到乡村教化作用的普遍性。

（一）婚礼的教化价值

婚礼是婚姻缔结双方获取社会承认和祝福的一种仪式，帮助新婚夫妇适应新的社会角色和要求，准备承担社会责任，更是传统文化传承与教育的仪式。孝文化的传承与教化是其重要内容。传统结婚礼仪十分烦琐，其中"拜堂"是最为隆重的仪式。"拜堂"后，女方正式成为男方家庭的一员。"拜堂"要拜什么？婚礼的主持人会高喊："一拜天地，二拜高堂，夫妻对拜，齐入洞房。"

拜天地代表着对天地神明的敬奉。传统的拜堂，一般在男方家中设供案，置香烛，陈祖先牌位等。在封建社会，是先拜天地，再拜祖先，后拜父母。今天，把拜祖先与拜父母合二为一了。拜天地所蕴含的是先人对大自然的崇尚、尊重和感恩情愫，其核心价值在于"敬畏"。《礼记·郊特牲》中记载："万物本乎天，人本乎祖。"万物的根本在于天地的赐予和滋养，人们自然应"顺乎天，而应乎人"。古人就是通过拜天地这一仪式的展演来揭示"顺乎天"在个体生命历程中的深层价值作用[①]。拜天地持身端庄、严肃、有威仪，体现人对天地的敬畏，有敬畏

[①] 张廷远：《中国传统婚庆"拜堂"样式之文化品格及其当代历史自觉》，《新疆大学学报》2018年第2期。

感才能约束私欲恶行，维系社会和谐。人在天地之间，衣食取天地之精华，享日月之灵光，人类应报天地之恩，映射了古人朴素的生态文明观。

拜高堂集中体现的是孝道。蕴含的是对长辈养育之恩的报答以及"慎终追远"的伦理情怀，其核心价值是"孝"。一方面彰显父母大恩，终身相报，切莫做不肖子孙；另一方面则是强化"祖宗崇拜"的文化基因。由于神灵崇拜的存在，人们认为前辈的灵魂具有神奇超凡的威力，会庇佑后代族人，实现现世人不能实现的目的。祈求保障子孙后代平安幸福，繁衍绵远永续。

夫妻对拜代表夫妻白头偕老，相敬如宾。其核心价值是"爱"。它昭示着从此一对新人要树立"夫妇一体"的价值观念。像"交杯酒""合欢酒"等习俗就是要营造夫妻二人甜蜜生活的氛围，预示新娘新郎从即日起，要同餐共饮，亲密无间，互敬互爱，相濡以沫，白头偕老。通过这样的仪式，让一对新人置身于特定情境中，获得认同感，并借此影响他们以后的生活态度及生活方式。

可见，婚礼仪式是神圣而庄严的，"拜堂"仪式赋予婚姻的是庄严承诺。如今的很多婚礼仪式已经失去了原本的象征意义，特别是受到外来文化的冲击，致使中国传统婚礼文化积淀逐步流失，或演变为简单的娱乐聚会，或套用西方婚庆礼仪但又没有教堂婚礼的庄严，东施效颦、邯郸学步，不伦不类，很可能失掉最为宝贵的传统教化功能。

因此，如何从传统婚庆"拜堂"礼俗中寻求民族文化的精华，通过与时俱进的婚礼文化创新，突出教化人们心灵、促进社会和谐的功能，是今天乡村文化建设，乃至整个社会文明建设的重要任务。

（二）祝寿的教化价值

祝寿一般是指晚辈为老年人庆贺生日的活动。"寿"字的本义是年长的意思。在中国传统文化中，长寿被看作是一种福气而备受人们的追崇。各地祝寿的习俗不同，民间多以"六十岁"作为祝寿的起点，每十年做"大寿"，每五年做"小寿"，发展形成了"做寿庆生"的祝寿习俗。民间祝寿的一般程序是发帖邀请亲友出席祝寿仪式，家庭成员或亲戚朋友会准备一些象征吉祥的寿礼前来贺寿，如寿桃、寿面、寿酒、寿联、寿幛和表达祝福的工艺品等。祝寿之礼与祝寿活动相结合，表达晚辈对长辈健康长寿的祝愿，并以此表达对长辈养育之恩的感谢。

关于祝寿的意义，有学者归纳了如下几个方面[①]：

首先，通过祝寿仪式表明做寿者开始步入老年行列，家事移交子女执掌，自己可以比较自由地安享晚年生活。在青海省乐都地区，流传的祝寿歌谣是这样唱的："敬一杯美酒老寿星喝，我为寿星唱寿歌。天上今日添星座，人间地仙轮你坐。千年梅鹿雪山上卧，百岁松柏吊索罗。寿比南山鹿和松，越是年高越快活。"祝寿习俗反映的就是人们步入老年的一种仪式。

其次，通过祝寿仪式表达子女敬老爱老的传统美德，报答老人养育之恩。在祝寿仪式上，有一项仪程是由做寿者的长子或有成就的子女致

---

① 南德庆：《青海乐都地区汉族寿礼习俗研究》，《青海民族研究》2006年第3期。

祝寿词，其内容主要是讲述父母的恩德和儿女的知恩报恩：父母如何含辛茹苦、省吃俭用，如何孝敬老人、哺育子女，给儿女树立榜样；儿女们要如何孝敬父母，热爱家庭，报答父母的养育之恩。

最后，祝寿活动蕴含着对做寿者人品、业绩的一种评价，也给后人以喻示，当择善而栖，奋发图强。通过祝寿仪式，激励后辈们奋发向上。当然，祝寿活动也具有彰显家族实力和促进家族团结的意义。

每一种习俗世代相传，都有其存在的价值和理由。随着人们生活水平的日益提高，为老人祝寿的习俗也越来越受到人们的重视。有必要对祝寿文化进行研究，特别是对其中所蕴含的教化价值进行挖掘，引导祝寿习俗，形成健康的敬老文化，为和谐社会做出贡献。

（三）葬礼的教化价值

祖先祭拜是最具有宗教意味的礼仪，也是中国传统信仰最重要的内容之一。葬礼是为死去的亲人举行的告别、追悼、安葬等仪式的总称。受灵魂不灭观念的影响，各民族或不同地域的丧葬礼仪差别很大，但都极被重视。人们对葬礼所需竭尽全力，甚至不惜倾家荡产。传统社会的葬礼，晚辈为了安葬母亲不仅可以卖地卖房，甚至可以"卖身葬母"。

当老人生命垂危之时，子女等直系亲属要守护在其身边，听取遗言，直到亲人去世，称为送终。送终是一件大事，能为老人送终表明子女尽了最后的孝心。在传统社会，有没有子女送终，是不是所有子女都来送终，是老人有无福分的判别标准。

葬礼最隆重的仪式是吊唁。亲友吊唁，先在灵前跪叩。哭悼，一般是磕四个头，守灵人一一还礼。出嫁的女儿，甚至一路哭来，跪在灵前哭，直到有人劝阻。民间葬礼，一般没有悼词，是通过"哭孝"表达的，哭的内容大致是表达死者养育儿女的不易和生活如何艰辛坎坷，这种诉说与其说是告慰死者，更多的是让后代了解、铭记长辈的恩德，履行孝子的义务。

通过丧葬仪式进行"孝"意识的传导灌输，可能是葬礼最直接和最重要的功能。在血缘宗法社会中，孝顺是最基本的道德要求与准绳，丧葬仪式则是灌输这种意识的最重要的场合，丧礼中各种礼节几乎都包含着"孝"的意义。村落葬礼是长辈训导孝子的环节，长辈如果认为子孙们在老人生前有不孝行为，可在丧礼活动中加以指责，以整饬后辈的行为。孝亲敬老观念是传统社会秩序的重要支柱之一，也是规范人们行为和调节人际关系的基本途径。村落丧葬礼俗以其蕴含丰富的文化功能影响着几代人的社会生活和精神生活，维系和巩固了传统社会结构。它作为一种活动，本身就直接起着家族凝聚力的作用。丧葬仪式不仅客观地提供了一次群体集合的机会，而且通过各种礼节间接地影响了人们的观念意识，达到传承文化的目的。礼俗的儒化浸染影响着人们的认识、判断，造就了一代又一代具有传统人格的中国人。在经历过几次丧葬大礼之后，即便是粗野浅陋、目不识丁的农民，也会在心中留下伦常和道德印记。这种对人们精神世界的教化，在消除人际隔阂、巩固人伦关系以及传承孝文化方面发挥着重要作用。

三、乡村群体压力

乡村教化既需要形式，也需要方法，更需要一种机制，保证教化形式的落地，并与教化内容融为一体，达到教化效果。乡村的群体压力是教化机制得以实现的重要动力。群体压力以亲近与疏远、群体舆论、典型示范等形式表现出来，形成对群体成员行为的约束和规范。

（一）亲近与疏离

乡村社会很看重"人缘"。俗话说："种瓜得瓜，种豆得豆。"人缘是"种"出来的。你尊重别人，别人也会尊重你；你对他人雪中送炭，也会收到同样的温暖。一个品行优秀的人，大家交口称赞，愿意亲近他；一个品行不端的人，会受到人们的厌恶和排斥。

在村落中，一个人做得好，有大家认可的品行和能力，大家就愿意亲近他，愿意和他来往。如果他有了困难，大家会争相帮助。谁家有什么事情也愿意征求他的意见，这样的人，就成为村里有威信的人，成为村里的意见领袖。村落中的意见领袖，往往因为消息灵通、精通时事，或足智多谋，在某方面有出色才干，或有一定人际关系能力而获得大家的认可，为村民主持公道，谁家出现了矛盾去做调解工作。这样的人不仅会受到村民的尊敬，自己也会体验到成就感和幸福感。

一个做得不好的或者品行不端的人，大家会疏远他、排斥他，甚至一起孤立他。人是依赖于群体才能生存的动物，无论是生理的，还是心理和精神的需要，都只能在群体环境下才能满足。因此，寻求群体的接纳，融入群体中，就像饥渴时对饮食的需要一样，是人的本能。如果一个人被群体排斥或拒绝，就会感到"痛"。心理学家认为，这种"心痛"在某种程度上和摔断了胳膊没有很大区别。久而久之，会严重影响一个人的心理甚至生理健康。因此，人们总是寻求"合群"，为避免被孤立，人们就必须接受群体的规则，反思自己的行为，尽可能与群体保持一致的价值规范和行为方式。由于村落是熟人社会，加之人们对家族荣誉的重视和"面子文化"的影响，村落中亲近与疏离的心理感觉，对其成员的影响是极大的，没有人甘愿做人缘不好的人。

（二）群体舆论

前文谈到，乡村的农户是开放、透明的，透明到几乎少有隐私。把自己所有行为和家中事务都置于阳光之下了，会产生两个效果：一是每个人都很检点自己的行为，避免村里人议论；二是便于村落中的舆论监督。因为每个人心里都清楚"大家在看着我"，尽量避免不符合村规民约的言行举止，也尽量使自己的言行符合大多数村民的期望。这是村落人行为的自我约束的基本力量。心理学家曾提出过自我强化理论，其主要意思是，人们的行为是由自我体验和外界所赋予的惩罚与奖励结果所共同决定的，当一个人的言行符合内心已有价值取向，又符合周围人的期望，会得到外来的赞扬和内心的欣慰，由此带来成就感和满足感，这种心理感觉会激励人保持这样的行为。相反，如果一个人的某种行为不符合周围人的期望，也违背了自己的价值观，就会产生内疚感，类似行为就会因此得到遏制。乡村透明的特点，为村落成员行为的外在强化和自我强化创造了条件。

村落监督现象在传统乡村是无处不在的。儿子不孝敬老人会有长辈上门提醒，也可能是亲戚上门警告；两口子吵架或邻里矛盾，村里有人来调解；谁家的孩子干了坏事，或糟蹋了庄稼，或偷摘了别人的瓜果，也会有人上门来"告状"。我们在村里调研时听到这样一个故事：一位九十多岁的老汉跟自己的侄子一起生活，侄媳妇不孝敬老人，不仅对老人态度恶劣，还不让老人吃饱。村民知道了这个事情，纷纷给老人送吃的，谴责老人的侄媳妇，形成强大的村落舆论压力。老人的侄子和侄媳妇无地自容，被迫屈从压力，改变自己的行为。村落中对人的行为监督和行为矫正的途径十分丰富且无处不在。其中村落舆论发挥着不可替代的作用。

由于村落舆论基于农户的开放性，对村落中每户的大事小情了如指掌，于是就产生了乡村舆论，对"张家长李家短"进行评判，并且多以"街头巷议"的形式呈现出来。茶余饭后，人们聚在一起谈论村里的事务，内容涉及十分广泛：从谁家两口子吵架到美国制裁伊朗，从村务到国家大事无所不涉，如何烹饪、新科技的采用、庄稼的长势、谁家儿媳妇孝顺、谁家孩子偷东西挨了打……包罗万象，不一而足。人们聚集在被称为"乡村公共空间"的大槐树下、十字街头，按照自己的理解接收信息，根据自己的价值观加工信息，然后再传递给适合的对象。特别是对"张家长李家短"的信息，男女老幼皆参与其中。在这个过程中，人们的行为受到约束，心灵得到净化。

可见,"张家长李家短"不是闲话,首先是民意的汇集,反映老百姓的需要和村落的问题。其次,是对村落事务的价值评判。这种评判、议论,有时也以争论的形式出现。在这个过程中,人们学会了辨别善恶,区分美丑,议论别人的同时,也在检点自己。记得在北京郊区的一个乡村与村民座谈,内容是关于孝敬老人的,村民们七嘴八舌地夸奖某某人孝敬公婆,也相互赞赏对方儿媳妇的贤惠。当我们问及村里有无"不孝敬老人的家庭"时,一个中年妇女立即肯定地说:"有哇!""是谁家呀?""不告诉你,但大家都知道。"引起大家的哄堂大笑。一个不孝敬父母的人和他的行为,竟然全村人都知道,全村人都议论,都把它作为反面教材,告诉后代什么可以做,什么不可以做,什么样的行为能够得

村民聚在一起聊天

到大家赞赏，什么样的行为会受到人们的谴责与排斥，甚至是嗤之以鼻。也正是在这个过程中，一些人受到了教育，另一些人受到了警示。一些人哪怕有不孝敬公婆的动机，其不孝的行为也被遏制了。这就是街谈巷议对人行为的约束功能。

由此看来，"闲事儿"不闲。一群人坐在村落的公共场所议论某人的不孝行为，议论者和旁听者都会从中汲取判断善恶的标准，同时也会与自己的行为进行对比，如果把这样的消息带回家里，对家人也是教育和警示。试想，如果大家议论正在兴头上，当事人突然出现，热议戛然而止时，当事人心里又是啥滋味呢？当某种事件经过街谈巷议形成较一致看法后，就转化为村落舆论，进而形成群体压力。舆论的作用之一就在于约束人的行为，维持村落秩序。如果村落中的街谈巷议消失了，没有人管"闲事儿"了，也就削弱了村落的监督与教化功能。人们是非善恶的标准就会淡化或混乱，家庭矛盾和邻里矛盾就会积累，人际关系就会淡漠，乡村的秩序就会受到破坏。

当然，村落监督需要特定的物质基础和环境条件，乡村共同的生产和生活资源，需要大家共同维护，乡村环境需要大家共同保持，因为涉及每个人的利益，相互监督就成为可能。在浙江某地，有一条地下河穿村而过，大家喝茶、煮饭、洗菜、洗碗、洗衣服，都用这条河的水。为了安全，大家就形成了用水的规矩，规定了哪个时段干什么用，不能违背，村民们相互监督，后来就形成了习惯。近百年来，村民都没有因用水发生过纠纷。

因此，乡村治理不能简单把城市建设方式移植到乡村，不能轻易改变乡村的空间结构，而要善于利用乡村的公共资源，形成新的村落共同体，尊重乡村的公共空间和乡村舆论，维系乡村信息的互动。这样就可以维系乡村自我监督和自我约束的文化体系，在此基础上赋予现代公正、公开、透明的理念，为完善村务监督和乡村自治提供坚实的物质与文化基础。

（三）典型示范

典型示范，是乡村一贯坚持的教化方法。无论是推广普及新技术、新理念、新思想，还是弘扬核心价值观或传承优秀传统文化，示范都是有效的途径。示范就是做出榜样，让人知晓，供人们学习。人们常说，榜样的力量是无穷的。乡村的榜样就是"乡村好人"，好人影响周边的人，以至发展出"好人文化"，产生好人的示范效应。乡村好人文化具有以下三个方面的作用：

首先，好人文化对社会道德建设具有引领和推动作用。乡村的好人是多种优秀品质的综合，是集合乡村伦理道德优秀品质于一身，是乡村成员学习和模仿的榜样。一个孝敬老人的人，也具有善的美德，对邻里、对他人、对事、对物，都会表现出宽容和友善。一个孝子同时又是一个助人为乐的人，也是一个善待大自然的人，还是诚实守信和遵纪守法的人。因此，一个好人就是一个世界，是乡村道德建设向善向上的代表，能够引领人们树立正确的价值观，代表着乡村文明的方向。乡村好人把"善"和"新"结合起来，给人们展示的是优良传统和进取精神。唯有如此，才会受到大家尊敬和成为被模仿的对象。单方面的典型，在乡村不容易被接受和被效仿。

其次，乡村好人文化具有价值评判和价值塑造功能。好人身上所折射出的是如何处理家庭关系、邻里关系、亲友关系以及个人与自然关系的价值尺度和道德标准，在乡村治理中发挥着重要作用。在乡村，不仅有好人榜样，也会存在相对应的"坏人"典型，就是那些不为人们接受的、人们厌恶的人和事，尽管不是点名道姓地被评选出来的，但也是人们心知肚明的。乡村好人榜样为乡村社会树立了生动的价值遵循，会感染人们的心灵，使人从内心深处产生学习、模仿的冲动；相对应的丑陋典型则为人们提供了一个惩戒和鞭笞的底线标准。像一把尺子，直观形象具体地告诉人们应做什么，不该做什么，是非善恶一目了然。

最后，好人文化具有潜移默化的教化作用。乡村好人主要不是通过特定程序"选"出来的，而是自然而然形成的。这种自然性让人们在不知不觉中接近和接受积极价值观，远离和摒弃消极错误的价值观。人们身边的好人好事是具体和生动的，由于所处的环境相同，很容易被人们接纳、认同、学习和模仿，不会产生"典型很好，就是学不来"的尴尬。好人具有的良好品行，总是受到社会和大众的肯定与赞扬。进而，效仿好人的思想和行为，同样会得到人们的肯定和赞扬。在这种宣传、肯定、模仿、认可的循环中，善行不断会得到加强，"好人现象"放大为"好人效应"，使乡村呈现出蓬勃向上的生机。

在乡村治理实践中，好人好事的评选活动被认为是最有效的乡风文明建设和乡村治理措施。这些措施之所以有效，是由乡村环境特点所决定的。

在村落中，榜样的示范具有很多城市不具备的特殊性，具体表现在以下几个方面：

一是示范的具体性。村里的好人好事人们可见可摸、可感可触、可悟可学，是具体和生动的，人们可以感受到榜样就在身边。某家的儿媳妇为老人换新衣服，某人为贫困户捐款，某人为老母亲喂药、喂饭，一件感人的事迹，一个温馨和谐的家庭，一个敬老模范，都具体形象地展示在村民的面前，用实际行动诠释中华民族家庭美德和社会公德的丰富内涵，营造出浓浓的尊老爱幼、家庭和睦、邻里融洽、互帮互助、崇尚美德的良好社会风尚，为人们树立社会规范的道德标杆。这些发生在身边的典型，比电视里、课本上抽象的榜样更具有可学习性。

二是示范的经常性。一个人做一件好事并不难，难的是几十年如一日地做好事。好人好事的示范行为是经常发生的，如捡起地上的垃圾、打扫公共卫生、帮邻居修理水管、送邻居去医院、农忙时帮助有困难的人干农活。经常性做好事的行为更真实代表了一个人的品行，具有很强的带动与示范作用。乡村普遍具有"受人点滴之恩，定当涌泉相报"的感恩氛围。一个村落因为有尊老爱幼、勤俭持家、关爱他人、团结邻里的榜样存在，在他们的影响下，人们纷纷效仿，家庭矛盾减少了，邻里和谐友爱，会增加人们的幸福感，进一步加强示范效应。

三是示范的周期性。行为方式的确立需要通过反复演练、反复强化方能形成。村落示范具有周而复始反复强化的特性。村落活动，无论是传统节日，还是农事活动，都具有循环往复的周期性特性。在年复一年的村落活动中，好人好事是反复出现的，如农忙季节的生产互助，敬老

在乡村，村民很看重"文明户"的荣誉

节、老人生日的敬老行为，节日祭祀仪式，日常生活中迎来送往的礼仪活动，具有连续不断或往复的周期性，为乡村好人提供了较大的示范空间，也为人们模仿好人的行为创造了众多机会。

四是村落活动的参与性。每个人只要生存于特定的社会环境中，都能作为村落好人好事的亲历者参与其中，获得特定的情感体验。常听到这样的议论："没有火灾，怎么去当救火英雄？""没有发现贼，怎么去抓小偷？"似乎当不了英雄是因为缺少当英雄的机会，而不从自身找原因。乡村环境给人们提供了无限帮助他人和参与公益的机会，也不用担心没有人认可。熟人环境中，一个人的任何善行，都展示在阳光下，会受到大家的关注和肯定。日常生活中的尊老爱幼、懂礼貌，红白喜事的参与，农事劳动的互助行为，对需要帮助的农户施以力所能及的帮助等，都是对每个人敞开的。示范者靠自己的身体力行潜移默化地影响其他人，特别是儿童可以从村落的各种活动中领悟到做人的道理。正是村落成员的广泛参与，人与人之间才能产生亲近感，才能不断体验到浓郁的友善文化气息，最终使村落模范典型身上所蕴含的价值观念、行为规范和传统美德，在每个人的身上得到内化与升华。

乡村所具有的教化功能，为今天的乡村治理与和谐乡村、平安乡村构建提供了天然条件。我们主张文化兴村、村民自治与村民参与，将问题解决在萌芽状态，就是充分利用乡村教化功能化解乡村治理矛盾。只要我们尊重乡村文化，并且明白这样的文化与乡村空间结构的关系，我们就能把乡村建成美丽幸福的家园。

有网友质疑问难，你所说的乡村美好的一面早就不存在了，传统乡村已不适宜现代人的生活，为什么还要重塑乡村价值呢？我们所阐述的乡村价值是理想状态下乡村应有的功能，至于今天许多乡村失去了这些宝贵价值，不是乡村发展的必然，而是长期忽视乡村特点和规律，想当然地建设乡村所导致的。中央多次强调要规范乡村撤并，不要大拆大建盲目建新村，要坚持乡村振兴为农民而兴，乡村建设为农民而建的原则，都是试图纠正乡村建设的误区，引导人们认识乡村价值，尊重乡村发展规律。

需要指出的是，乡村价值不是固化的，也不是一成不变的，而是与时俱进的。我们强调乡村价值不是要固守传统，不是回到过去，更不是越老越好。而是要继承和发扬中华优秀传统文化，既要让传统乡村价值为当今的生产、生活服务，也给子孙后代留下宝贵的财富。乡村价值在发展中传承，在发展中不断丰富其内涵，而不能以任何理由削弱和消灭乡村，因为这是我们民族的根所在。

对待乡村建设，我崇尚老根发新芽的理念。梁漱溟在《乡村建设大意》一文中有这样的表述:"什么是中国文化的根?""就有形的来说就是'乡村',就无形的来说就是'中国人讲的老道理'。""树根活了,然后再从根上生出新芽来,慢慢地再加以培养扶植,才能再长成一棵大树。等到这棵大树长成了,你若问:'这是棵新树吗?'我将回答'是的!这是棵新树,但它是从原来的老树根上生长出来的,仍和老树为同根,不是另外一棵树。'"①

中国文化好比一棵大树,近几十年来,外来的许多力量在摧毁她。在全面推进乡村振兴过程中,我们希望有更多的人懂得乡村价值所在,更好地保护她,而不是破坏她。树干腐烂了,但根还活着,而且是有生命力的,这个根就是中国的老道理,它是深深扎根在乡村社会的。

---

① 梁漱溟:《乡村建设大意》,转载自《梁漱溟全集》,山东人民出版社,1989,第612—615页。